DE JORNALISTA A YOUTUBER

Leonardo Attuch

247
KOTTER EDITORIAL

coordenação editorial
Leonardo Attuch e Sálvio Nienkötter

editor executivo
Mauro Lopes

editor-adjunto
Raul K. Souza

capa
Thiago A. Monteiro

diagramação
Paula Villa Nova e Isadora M. Castro Custódio

produção
Cristiane Nienkötter

Dados Internacionais de Catalogação na Publicação (CIP)
Andreia de Almeida CRB-8/7889

Attuch, Leonardo, 1971-
De Jornalista a Youtuber | Leonardo Attuch.
Curitiba: Kotter Editorial; Editora 247, 2020.
185 p.

ISBN 978-65-80103-86-7

1. Attuch, Leonardo, 1971- – Biografia 2. Jornalistas – Biografia 3. Jornalismo 4. Youtube (Recurso eletrônico) I. Título

CDD 920.5

20-1132

Kotter Editorial
Rua das Cerejeiras, 194
82700-510 | Curitiba/PR
+55 41 3585-5161
www.kotter.com.br | contato@kotter.com.br

1ª edição
2020

Dedicatória

Por Leonardo Attuch

Dedico este livro ao grande comunicador Leonardo Stoppa, youtuber antes de ser jornalista, ao amigo Florestan Fernandes Júnior, que me trouxe a ideia inicial de uma televisão, ao Alex Solnik, que me convenceu que teríamos público para programas diários na nossa TV 247, ao Paulo Moreira Leite, eterno combatente das boas causas, a Gisele Federicce, nosso ponto de equilíbrio, ao Mauro Lopes, que nos trouxe paz e bem, ao Aquiles Lins, talentoso jornalista cuja história de luta nos inspira, ao Gustavo Conde, amigo dos pocket shows da resistência democrática, às grandes jornalistas Tereza Cruvinel e Helena Chagas, que lutaram e lutam pela comunicação pública, aos amigos José Reinaldo Carvalho, Pepe Escobar, Aloizio Mercadante, Breno Altman, Rui Costa Pimenta, Celso Amorim, Marcelo Uchôa, Paulo Emílio, Luís Pellegrini e Brian Mier, que me ensinam política e geopolítica, às combativas Dayane Santos, Dafne Ashton, Andrea Trus, Mariana Mollica e Simone Nascimento, ao William de Lucca, por sua coragem e seu talento, ao recém-chegado André Constantine, que nos conecta com as lutas populares, a Regina Zappa, que nos traz a cultura como farol permanente de brasilidade, aos

Jornalistas pela Democracia Hildegard Angel, Leandro Fortes, Mário Vitor Santos, Igor Fuser, Cynara Menezes, Denise Assis, Renato Aroeira, Miguel Paiva, Carlos Latuff, Gilvandro Filho, Marcelo Auler, Luís Costa Pinto, Moisés Mendes, Gilberto Maringoni e Ricardo Kotscho, aos amigos da mídia independente Renato Rovai, Kiko Nogueira, Márcio Chaer, Fernando Morais, Fernando Brito, Marco Damiani, Luis Nassif, Rogério Anitablian, Miguel do Rosário e Eduardo Guimarães, aos amigos da Rede Brasil Atual, do Brasil de Fato, dos Jornalistas Livres, da Mídia Ninja, dos Galãs Feios, do Sul 21 e da imprensa livre em todo o País, aos talentosos youtubers Eduardo Moreira e Christian Dunker, aos nossos conselheiros Luiz Carlos Bresser Pereira, Ferréz, Carol Proner, Jessé Souza e Felipe Coutinho, aos bravos colaboradores de nossa redação, da técnica, do administrativo e da tecnologia, a todos os integrantes da comunidade 247, e aos grandes jornalistas de ontem, como Samuel Wainer, de hoje e de amanhã, que serão também criadores de conteúdo no Youtube e em outras plataformas digitais.

Apresentação

por Florestan Fernandes Júnior

A multidão com camisas e bandeiras vermelhas ocupava todas as ruas no entorno do sindicato dos Metalúrgicos do ABC. A fala do ex-presidente Lula estava marcada para o período da tarde, mas desde cedo milhares de pessoas disputavam um espaço próximo ao carro de som. Naquela tarde quente do dia 9 de novembro de 2019, Lula estava livre e iria falar para os brasileiros pela primeira vez após os 580 dias do cumprimento de parte de uma sentença condenatória desprovida de qualquer prova material. Eu e Leonardo Attuch chegamos em cima da hora e estacionamos o carro bem longe do local do evento.

Não foi nada fácil pra gente chegar até a sede do sindicato. Além de abrir caminho no meio da multidão, várias vezes fomos obrigados a parar para que meu amigo Léo atendesse aos pedidos de selfies de seus admiradores. Uma admiração que eu já presenciei no ano passado em Niterói, Recife e até em Lisboa, onde participamos, no início de dezembro, de um encontro com assinantes do site e da TV 247. Na capital portuguesa, Léo foi reconhecido andando pelas ruas do bairro de Chiado por portugueses que acompanham o noticiário do Brasil através do site Brasil 247 e da TV 247 no youtube.

Desde que criou a TV 247, há dois anos, Léo deixou de ser apenas um nome assinado no corpo de uma reportagem de jornal, site ou revista. Hoje ele é uma personalidade, um youtuber de sucesso que conversa todos os dias com milhares de pessoas através, principalmente, do programa "Bom Dia 247". Uma história que eu acompanhei de perto ao incentivar o 247 a ter sua televisão na internet.

A primeira conversa que tive com Attuch foi numa padaria, em um encontro armado pelo amigo Paulo Moreira Leite. Na época, cheguei a fazer, ao lado de PML, um piloto de telejornal para provar ao Léo que era possível fazer tevê na web sem gastar muito. Não foi difícil convencê-lo. Com seu faro empreendedor, não demorou muito para perceber que a televisão colocaria o site em outro patamar de audiência. Daí a trocar a câmera de seu celular pessoal por um estúdio completo e bem equipado foi apenas um passo.

Em pouco mais de dois anos, a TV 247 arrebanhou uma legião de assinantes e seguidores. Milhões de usuários que buscam na internet informação de qualidade com viés progressista e de esquerda. Hoje, o Brasil 247 recebe pedidos de entrevistas e tornou-se referência diária para todos que trabalham com jornalismo. Tem um time de colaboradores experientes e premiados como Tereza Cruvinel, Ricardo Kotscho, Helena Chagas, Luís Costa Pinto, Paulo Moreira Leite, Hildegard Angel, Alex Solnik, Gilberto Maringoni, Mauro Lopes, Pepe Escobar e o próprio Leonardo Attuch, entre outros. Nos últimos dois anos construímos, eu e o Léo, uma linda amizade baseada na admiração, no companheirismo e na lealdade. Fizemos em minha casa encontros memoráveis com pessoas que fazem a diferença. Seres que merecem toda a admiração como Hildegard Angel e Raduan Nassar. Encontros que o amigo Rodrigo Vianna, também jornalista, chama de "resistência amorosa".

A história do maior e mais importante site de esquerda da América do Sul é a história do seu criador. Um jornalista que, aos 48 anos, provou que é possível ter sucesso e construir uma empresa sólida de comunicação fazendo bom jornalismo sem abrir mão dos princípios da cidadania e da defesa do estado democrático de direito.

No livro "De jornalista a youtuber: como cruzei a ponte", o leitor vai fazer esta viagem no tempo e conhecer a trajetória de Leonardo Attuch, de office-boy, passando por grandes redações como Veja, Exame, Istoé Dinheiro até chegar à criação de um dos principais sites do país.

São Paulo, dezembro de 2019

Prefácio

Por Tereza Cruvinel

Devo começar este prefácio contestando o autor e dizendo: discordo do título. Discordo porque, na travessia do jornalismo convencional para o mundo digital, Leonardo Attuch tornou-se não apenas um youtuber de sucesso, que fala para milhares de pessoas todos os dias pela TV 247, que é parado nas ruas para selfies com os internautas, tal como acontece com os jornalistas estrelados da TV aberta.

Attuch desbravou a selva da Internet, apostou nas virtudes da tecnologia (em que são também cometidos pecados mortais, como o de colonizar consciências com mentiras e fake news) e criou plataformas de jornalismo contra-hegemônico em que garantiu a liberdade e a voz de dezenas de jornalistas que, por recusarem o bridão e as rédeas dos patrões da mídia corporativa, dela foram alijados. Ou aqueles mais jovens, nativos digitais, céticos em relação aos meios convencionais destinados ao desaparecimento, em velocidade que ainda não podemos precisar.

Isso posto, passemos ao livro. Na penúltima semana do ano perverso e infausto de 2019, li os originais de "De Jornalista a Youtuber - como cruzei a ponte", na medida em que foram sendo escritos por Attuch, num jorro constante e veloz de quem há muito tempo carregava dentro de si o livro que me convidava a prefaciar. Os blocos de texto foram chegando por e-mail e demonstrando que não se tratava de mera combinação entre "relato autobiográfico e algumas reflexões sobre comunicação", como ele havia me dito por telefone. Temos aqui um livro atrevido, porque toca em questões candentes, sobre as quais o Brasil ainda vive "passando o pano". Um livro também necessário, porque oferece elementos importantes para a compreensão do que se passou e do que virá – no Brasil e no mundo, na relação entre democracia e comunicação.

O texto é fluido e quase coloquial, como não poderia deixar de ser, em se tratando de quem vive e respira no mundo digital. É organizado em capítulos curtos, nomeados com expressões engraçadas, que resumem o assunto abordado: Por exemplo: "Papai agora é youtuber".

E ouso dizer que este é um livro 3 em 1: trata-se de uma narrativa em três camadas, em que o autor fala de si, da história política recente do Brasil e das transformações em curso no jornalismo e nas comunicações por conta da revolução tecnológica.

O pano de fundo é o relato autobiográfico de um menino de Brasília que sonhava em ser jornalista mas vai estudar geologia depois de um período de intercâmbio na Europa. Constata o engano, refaz a escolha e vai estudar na mesma escola de Comunicação em que me formei, a da Universidade de Brasília (UnB), de onde saíram alguns dos melhores jornalistas brasileiros das últimas décadas.

Apressadinho, antes mesmo de se formar já estava numa redação. Passará por muitas, de veículos importantes, fará uma escala em Minas, onde aprendeu a ouvir montanhas e o sentido da habilidade, antes de voltar para São Paulo, que já havia trocado por Brasília.

Em 2011, tem seu "estalo de Vieira": se queria um veículo para fazer diferença na paisagem política, carente de pluralidade e dominado por um oligopólio midiático de pensamento único e conservador, teria que ser na Internet. Naquele ano criou o site Brasil 247. Acreditava que Lula seria candidato em 2014 e voltaria a governar sob intenso fogo da mídia empresarial. "Guardadas as proporções", ressalva, queria ser para ele o que Samuel Wainer foi para Getúlio: o espaço do contraditório. Errou, mas o Brasil 247 se afirmou e em 2017 criou a TV 247, hoje na plataforma do Youtube.

Nessa reconstituição da trajetória profissional, Léo, como o chamamos, conta bastidores saborosos, mas não cabe spoiler aqui. Isso fica para o leitor encontrar.

Sobre este retrato autobiográfico, com pinceladas rápidas e fortes, ele reconta, do seu ponto de vista, a histórica política recente do Brasil, dos louros da Era Lula às estranhas jornadas de junho de 2013, seguidas pelo turbilhão destruidor da Lava Jato, o golpe do impeachment de 2016, a prisão providencial de Lula e o parto do neofascismo, com a vitória do candidato de extrema direita em 2018.

Não o faz linearmente, mas conectando estes espasmos políticos com o ambiente social regado a ódio que foi sendo criado no Brasil, com participação relevante, talvez determinante, de uma mídia corporativa que, no afã de interromper o ciclo de governistas petistas, foi para o vale-tudo, negligenciando a preservação da democracia. Agora, quando o cipó de aroeira do bolsonarismo volta-se também contra ela, chora as pitangas inutilmente. Não faz, todavia, a autocrítica que tanto cobra do PT. Eu, particularmente, acho que o Brasil precisa de uma grande sessão catártica, em que todos admitam seus erros, para sairmos do autoflagelamento trazido pela eleição de Bolsonaro, o bruto.

E aqui entramos na terceira camada narrativa, com o aporte de informações e dados importantes para a melhor compreensão do que se passou nos últimos anos, no Brasil e no mundo, por conta de injunções políticas e do impacto tecnológico, com aquela que Gabriel Garcia Marques chamou um dia de "a mais bela profissão do mundo". Mas Gabo falava da era da inocência do jornalismo, muito anterior ao tempo dos "jornalistas de cativeiro" – expressão que Attuch recolheu num dos encontros periódicos que o Brasil 247 realiza com leitores e assinantes, em referência à sujeição dos profissionais aos ditames dos donos de veículos alinhados aos grandes interesses econômicos. E por decorrência, políticos. Recusar o bridão leva ao ostracismo e ao desemprego. Os que encontram novas trilhas e espaços são estigmatizados como "ex-jornalistas", como se apenas a grande mídia legitimasse o exercício da profissão.

Quando foi que isso começou? Com certeza foi em 2003, com a posse de Lula. Até então, no período que vai do fim da ditadura, em 1985, ao início do governo Lula, com acento forte em 2005, no caso mensalão, ainda havia relativo pluralismo e espaço para o contraditório nos veículos tradicionais. Isso explica o fato de muitos jornalistas de esquerda terem feito carreiras na grande mídia, antes de serem alijados quando o antipetismo se impôs, juntando todos os progressistas num só balaio.

Em sua revisitação deste processo, Attuch recorda a luta inglória por uma comunicação pública independente no governo Lula, em que me coube implantar e presidir a hoje destruída EBC, aponta a ausência de qualquer regulação da mídia e seu poder hipertrofiado, danoso à democracia, por conta da concentração em oligopólios de pensamento único.

Mas a história é um carro alegre, como diz a canção de Milton Nascimento (Canción por la Unidad de Latino America), e a Internet em expansão permitiu o surgimento das mídias digitais contra hegemônicas, na forma de blogs e sites, entre as quais o Brasil 247, a meu ver, a mais bem sucedida, do ponto de vista de alcance e de sustentabilidade. "Blogueiros sujos", reagiu a mídia "limpinha".

Mas não deixa Attuch de apontar o lado escuro da Internet, que nos primórdios foi vista como o paraíso libertário da comunicação livre e horizontal. Em poucos anos a Web passou a ser controlada por grandes corporações, com seus algoritmos, as redes sociais passaram a ser usadas intensamente por forças neofascistas para disseminar mentiras e discursos de ódio, e pela nova direita global para vencer eleições, a exemplo do que ocorreu nos EUA com a eleição de Trump e na eleição brasileira de 2018, vencida por Bolsonaro a golpes de fake news, kit gay e mamadeira de piroca.

Daqui ele nos leva às discussões cruciais sobre o futuro do jornalismo, da política e da democracia na era digital, oferecendo sua percepção de desbravador: Viveremos para sempre separados em bolhas? Os jornais impressos morrerão mesmo e quando isso ocorrerá? A TV aberta e o rádio vão desaparecer, suplantados pelas transmissões via streaming? Como será o jornalismo na nova era que já começou?

Ele conclui o livro reiterando dois compromissos: primeiro, com a verdade histórica de que houve um golpe contra Dilma Rousseff em 2016 e de que Lula foi um preso político, inabilitado judicialmente para não disputar a eleição que venceria. Segundo, com o ideal de um mundo multipolar e sem monopólios de comunicação. Se uma comunicação mais democrática não fosse possível, diz ele, "eu não estaria aqui para contar essa história". História que é uma injeção de otimismo nestes tempos trevosos.

Convido o leitor a navegar nas águas instigantes deste livro que nos ajuda a compreender o passado recente e a enxergar para além da curva do tempo que estamos vivendo.

Brasília, dezembro de 2019

Sumário

1. No começo, uma premonição 25
2. Os primeiros passos como repórter 31
3. Adeus, Brasília, vou pra outra cidade 35
4. Sou do mundo, sou Minas Gerais 41
5. Meu grande amigo Murillo Mendes 47
6. Na Lapa de Baixo, com o inesquecível Domingo Alzugaray 51
7. A compra de um iPad e o nascimento do Brasil 247 57
8. A gênese do discurso de ódio no Brasil 65
9. Os jornalistas de cativeiro e os jornalistas livres 73
10. A democratização da mídia e o duplo papel da tecnologia 77
11. Por que os fascistas atacam o jornalismo 85
12. TV 247: tudo começou numa padaria 91

13. Meu encontro com Leonardo Stoppa 97

14. Papai agora é youtuber 101

15. A estética Dogma 95 e Gisele
como apresentadora 105

16. Mauro Lopes e o conceito de uma pós-TV 109

17. A TV 247 como companhia diária
de Lula no cativeiro 113

18. Os pocket shows da resistência democrática
com Gustavo Conde 121

19. Viveremos em bolhas digitais? 125

20. A morte dos jornais impressos
não é a morte do jornalismo 131

21. A televisão aberta e o rádio
também vão desaparecer? 139

22. Duas verdades históricas:
o golpe contra Dilma e a prisão política de Lula 143

23. Dois sonhos possíveis: um mundo multipolar
e sem monopólios na comunicação 151

Posfácio 157

No começo, uma premonição

Não sei se foi exatamente assim que tudo se passou, mas é como a imagem chega agora a minha mente. Estávamos em 1980, com meus pais e primos a caminho de uma praia no litoral paulista, e eu viajava deitado no porta-malas de uma Ford Belina – sim, naquele tempo, os pais eram relativamente irresponsáveis. Ao passar pela Marginal Tietê, em frente ao prédio da antiga sede da Editora Abril, nas proximidades do Bairro do Limão, em São Paulo, despertei do meu silêncio sepulcral e disse: "eu vou trabalhar neste prédio". Pois bem, foi como uma premonição, por volta dos nove anos de idade, que eu decidi ser jornalista e aquela profecia, de fato, se cumpriu. Muitos anos mais tarde, por volta de 1995, eu era repórter da revista Exame, especializada em temas econômicos, exatamente naquele prédio que meus olhos avistaram quando criança, quando eu provavelmente viajava a caminho do Guarujá, com uma revista da Turma da Mônica nas mãos, e tive minha primeira epifania.

Naquele momento, ninguém levou muito a sério o que eu havia dito. Nem mesmo eu. Quando terminei o ensino médio, prestei vestibular para Geologia, na Universidade de Brasília, e Física, na Unicamp. Passei no primeiro. No segundo, acho que não. A Unicamp era, no meu mundo ideal, a universidade dos sonhos, provavelmente pelas imagens descritas pelo escritor Marcelo Rubens Paiva no livro Feliz Ano Velho, um clássico da minha adolescência. A UnB era meu plano B justamente por ser a universidade da cidade onde nasci, Brasília, de onde sempre quis partir.

Faço aqui a primeira digressão sobre minha relação com Brasília. Ser nascido na capital federal foi durante muitos anos o mesmo que ser nascido em lugar algum. A pergunta básica era sempre a mesma: mas seus pais são de onde? Lá havia sobretudo mineiros, cariocas e nordestinos, mas também gente de todo o Brasil. Meus pais eram de Uberlândia, no Triângulo Mineiro, e migraram para o Distrito Federal no fim da década de 1960 para tentar aproveitar as oportunidades que se abriam. Na infância, era simples gostar de Brasília, uma cidade-parque, em que bastava descer do prédio para jogar bola. Na adolescência, nem tanto, porque havia sempre a dependência do carro e muitas vezes tínhamos a percepção de viver numa bolha, e não numa cidade, que, como muitos já disseram, não tem ruas nem esquinas. Havia tanto espaço vazio – hoje, não mais – que a escritora Clarice Lispector já descreveu a cidade como uma prisão a céu aberto. Brasília mudou muito, e para melhor, mas isso é outra história.

Voltando ao ponto em que estávamos, passei para o vestibular de Geologia, mas logo parti para um ano de intercâmbio. Meus pais queriam muito que eu vivesse essa experiência e eu impus uma única condição: não iria para os Estados Unidos nem para o Canadá – para onde meu irmão Roberto, dois anos mais velho, havia ido e retornado, no modo dark, com discos do Bauhaus, do

Joy Division, do New Order e do The Cure. "Bela Lugosi's dead", lembram-se? Pois bem: talvez por um sentimento anti-imperialista ou por ter visto um filme em que o ator Guilherme Fontes ainda jovem dizia algo como "foda-se a Disney", eu decidi que só faria intercâmbio se o destino não fosse a América do Norte. Foram então colocadas duas possibilidades: Bélgica e Áustria. Como achei que o francês seria mais útil do que o alemão, como de fato foi, escolhi a primeira opção e, em 1989, fui parar na cidade de Liège, na região da Valônia, coberta pela bela vegetação dos Ardennes.

Antes desse período na Bélgica, ainda em Brasília, eu já gostava de ler jornais. Era estranho, mas mesmo menor de idade, eu curtia muito não apenas os cadernos esportivos, mas também a finada Gazeta Mercantil, que foi o nosso The Wall Street Journal. Em Liège, o jornal local era o La Meuse, batizado em homenagem ao caudaloso rio que banha a cidade. Foi lá que nasceu o que muitos consideram um dos melhores escritores franceses, muito embora belga: o genial Georges Simenon, rei dos romances policiais, com seu inspetor Maigret e sua garrafa de Calvados – bebida que não me agrada, mas que tomo em homenagem a ele, sempre que posso. Fazendo um parêntese, os belgas, que têm a melhor batata frita, os melhores mexilhões e a melhor cerveja do mundo, também gostam de dizer que têm o melhor cantor e compositor francês: ele mesmo, Jacques Brel, nascido em Schaerbeek, notório por clássicos como "*Ne me quitte pas*" e "*Le plat pays*".

Voltei de Liège para Brasília entre o primeiro e o segundo turno da eleição presidencial de 1989. No primeiro, havia votado em Leonel Brizola, do PDT, na embaixada do Brasil em Bruxelas. No segundo, obviamente no então sindicalista Luiz Inácio Lula da Silva, que Brizola chamava de "sapo barbudo". Naquele ano, quando fui recebido por meus amigos no aeroporto, todos eles, sem exceção, haviam se tornado petistas na passagem dos 17 para os 18 anos – alguns depois viraram minions, mas isso agora não vem ao caso. Trinta anos atrás, o clima em Brasília era contagiante. Carreatas todos os dias, gente bonita nas ruas, jovens comprando camisetas e bottons do Partido dos Trabalhadores para apoiar a eleição de Lula e um sentimento transbordante de esperança no Brasil. Éramos, na nossa percepção, absolutamente majoritários. Naquele tempo, os que apoiavam o "caçador de marajás" Fernando Collor de Mello não saíam tanto às ruas nem se mostravam confiantes. Eram sisudos e carrancudos.

Quando veio a derrota, o sentimento que se abateu sobre Brasília – e também em todo o País – para os progressistas foi semelhante ao da derrota da seleção de Zico, Falcão, Sócrates e Júnior na Copa de 1982. Um pesadelo coletivo. A eleição de Collor foi meu segundo "maracanazo" – o primeiro, no Sarriá, e o segundo, eleitoral. O original, o da derrota do Brasil para o Uruguai em 1950, nós, da minha geração, só conhecíamos pelos livros. Na noite da derrota, eu e meus amigos decidimos sair. Provavelmente, fomos ao Beirute, na 109 Sul, um dos bares mais conhecidos de Brasília e do Brasil. Para minha surpresa, havia alguns "colloridos" ali, que nos olhavam com certo ar de ódio e vingança – um sentimento sempre latente na sociedade brasileira.

No ano seguinte, 1990, apesar de Collor, seria o momento de começar uma vida nova no Departamento de Geologia da Universidade de Brasília. O drama começou logo na primeira aula: Cálculo 1. Sim, matemática pesada, com equações com muitas letras, bem além dos tradicionais "x" e "y". Bem, naquele momento percebi que estava no local errado – ainda que tenha sido um bom aluno de matemática na adolescência. Tranquei o curso, cumpri apenas alguns créditos em Ciências Humanas e, no meio do ano, prestei vestibular para jornalismo, sem nem me lembrar daquela premonição do porta-malas da Belina. Felizmente, passei e agora estou aqui para contar esta história, de um jornalista que, antes de entrar para o Parque dos Dinossauros de uma profissão que não está em extinção, mas sim em rápida transformação, virou youtuber.

Os primeiros passos como repórter

Minha turma na Universidade de Brasília comparava o curso de Jornalismo a uma canção conhecida do cantor e compositor Cazuza. "O nosso curso a gente inventa, pra se distrair. E quando acaba a gente pensa… que ele nunca existiu". Não era exatamente isso, havia grandes professores, conteúdo instigante, mas, no meu caso, a universidade passou como um foguete. Apressadinho, eu já queria terminar para começar rapidamente a trabalhar numa redação. Não porque não trabalhasse. Muito pelo contrário. Eu já havia começado a bater ponto aos 14 anos, como office-boy do Banco do Brasil.

Essa história começou porque meus pais talvez me considerassem hiperativo – o que era verdade – e porque tinham o receio de que eu caísse na chamada juventude transviada, o que era também um risco numa Brasília que, nos anos 80, viveu o apogeu do rock e das substâncias ilícitas. Com 14 anos de idade, em 1985, fiz um concurso e fui aprovado como boy do banco. Saía da escola, pegava o busão, vestia o uniforme azul e ia para o bandejão do Edifício Sede 1, no Setor Bancário de Brasília. O trabalho era divertido: arquivar papéis, levar documentos pra cima e pra baixo, fazer pagamentos no caixa, onde passávamos horas e, no fim da tarde, sair para comprar lanches para os mais graduados. Uma das lembranças curiosas da época foi uma primeira assembleia dos boys em que chegamos a cogitar uma greve, que acabou não saindo. Não tínhamos consciência da nossa importância... já imaginou os chefes passando horas no caixa e tendo que comprar seus próprios sanduíches? O banco entraria em colapso.

Ainda como bancário, prestei concurso interno e virei escriturário. Pouco tempo depois, a área internacional do Banco do Brasil foi transferida do Rio de Janeiro para Brasília e várias vagas foram abertas. Como voltei da Bélgica sabendo falar francês e inglês, fui aceito numa delas e, em pouco tempo, era assessor numa área de recuperação de créditos internacionais, o que envolvia grandes casos como o da Mendes Júnior no Iraque – uma história que, anos depois, veio a ser determinante na minha vida, quando, como amigo do empresário Murillo Mendes, passei a me interessar por administração e empreendedorismo.

Conto essa história apenas para dizer que, durante o curso de Jornalismo, eu era um estudante relativamente fora do padrão. Minha indumentária não era mais o uniforme azul de office-boy, mas sim o terno e a gravata – o que poderia ser comum no departamento de Direito, em que muitos estudantes já faziam estágios, mas jamais no de Jornalismo, onde o estilo era mais bicho-grilo. Eu ia para as aulas de manhã, corria para almoçar no bandejão e saía no meu Fusca vermelho 1971, apelidado de "maçã do amor", voando para o banco. Se tivesse permanecido por lá, talvez virasse gerente no exterior. Um dos meus colegas chegou a ser presidente do Banco do Brasil e depois de um banco privado. Outro virou vice-presidente – e anos depois me disse que, pelo meu perfil, eu poderia ter me encaixado na área sindical.

O Sindicato dos Bancários de Brasília, de fato, era algo atraente para mim. Eu gostava de ler as matérias sobre as defasagens salariais dos planos econômicos – vivíamos na época dos gatilhos salariais para recompor a inflação – e das convocações de greves. Que eu me lembre, em todas as assembleias em que estive presente, sempre votei sim. Além disso, a imagem que eu idealizava de um jornalista era de alguém que viveria de aluguel, andaria de ônibus, tomaria sua caipirinha no sábado com sua feijoada – o que eu já fazia com os amigos de Brasília nos fins de semana – e teria um certo charme proletário. Digo isso para enfatizar que o jornalismo não era, de fato, uma profissão que pudesse indicar um caminho de prosperidade – e nem era esse o meu objetivo.

A escolha definitiva ocorreu já na virada de 1993 para 1994, logo depois da formatura, quando consegui um emprego na seção de economia do Correio Braziliense. O salário era um terço do que pagava o Banco do Brasil, mas nem pensei duas vezes. Pedi demissão do banco e fui para o jornal, para "desespero da mamãe". A redação era uma grande curtição. Naquele tempo, o jornal passou a ser chefiado por um Ricardo Noblat dos bons tempos, que operou uma transformação positiva ali dentro. E eu, que era persistente, logo comecei a emplacar umas chamadas na primeira página – o que já era uma grande vitória – e depois algumas manchetes.

Pouco tempo depois, o precoce Luís Costa Pinto, que já havia brilhado no impeachment de Fernando Collor e hoje é meu colega como Jornalista pela Democracia, um coletivo de profissionais que lutam contra o neofascismo, procurou um professor da UnB, também grande amigo meu, Hélio Doyle, que depois foi secretário da Casa Civil do governo Distrito Federal, com uma encomenda. "Lula", como Luís Costa é conhecido, precisava de um jornalista jovem e com ambição. Em outras palavras, alguém bom e barato. E foi assim que o Doyle me indicou para trabalhar na revista Veja – o que começava a aproximar meu destino daquele vislumbrado na Belina, aos nove anos de idade.

Chegar à revista Veja com seis meses de formado era praticamente um sonho. Era lá, na revista que derrubava presidente, que todos queriam trabalhar. A vaga que foi aberta para mim havia sido ocupada por Mário Rosa, autor do livro "A era do escândalo", que depois se tornou um dos mais requisitados gestores de crises do Brasil – e como houve crise desde então... A sucursal era chefiada por Eduardo Oinegue e tinha profissionais como Expedito Filho, Policarpo Júnior, Gustavo Paul e Leonel Rocha. Mas o que era para ser um sonho acabou virando um período de grande infelicidade. Não me encaixei naquela redação por motivos que não vale a pena expor agora. Seis meses depois, numa saída negociada com Oinegue, pedi um tempo para ir buscar oportunidades em São Paulo. Visitei várias redações e recebi dois convites: um da Mara Luquet, na Gazeta Mercantil, e outro do saudoso Gustavo Camargo, na revista Exame. Optei pela segunda oferta e caí exatamente naquele prédio da Editora Abril, na Marginal Tietê, que vislumbrei como meu local de trabalho quando criança.

Adeus, Brasília, vou pra outra cidade

Na virada de 1994 para 1995, eu estava de mudança para São Paulo. Já havia participado de um programa de jovens talentos do jornal Estado de S. Paulo e acalentava o sonho de morar na "cidade grande", muito embora viesse da capital federal. Por isso mesmo, o convite da Exame, redação chefiada à época por José Roberto Guzzo, Paulo Nogueira, que anos depois fundou o DCM e faleceu precocemente, e Clayton Netz, caiu como uma luva. Juntou a minha fome com a vontade de comer.

Como a revista era quinzenal e eu, como já disse, era e ainda sou "apressadinho", o que não me faltava era tempo livre. Em poucos dias, eu executava minhas pautas e aproveitava o resto da quinzena lendo, correndo, indo ao cinema e saboreando o que a vida nos oferece de melhor – e São Paulo é uma das melhores cidades do mundo. A passagem de Veja para Exame foi, portanto, uma mudança da água para o vinho, não apenas em qualidade de vida, mas também em jornalismo. Veja já era, naquela época, viciada na fabricação de escândalos. Exame, por sua vez, nos permitia aprofundar discussões econômicas – com um viés corporativo, claro, mas ainda não totalmente dominada pelo pensamento único. Ainda havia certa preocupação com o desenvolvimento nacional e em dar voz aos chamados capitães de indústria.

Com o passar do tempo, o viés financista e neoliberal foi se tornando mais evidente. Eu me lembro de duas reportagens que foram marcantes. Uma, quando fui despachado para Ribeirão Preto, no interior de São Paulo, para entrevistar o então prefeito Antônio Palocci – um "petista diferente", e que, na visão dos chefes, merecia ocupar mais espaço, por ser privatista. Outra, logo depois que o então presidente Fernando Henrique Cardoso começou a negociar a emenda da reeleição – comprada, por sinal – e recebemos a encomenda de encontrar personagens que dissessem que o Brasil iria "bombar" se FHC pudesse permanecer mais quatro anos no poder. O personagem que ganhou a capa por se comprometer a dizer o que os editores pretendiam ouvir foi o economista Antônio Kandir, que, se não me engano, previu um crescimento asiático, na casa dos 9% ao ano, depois da reeleição. Bom, o que se viu depois da vitória de FHC em 1998 foi exatamente o oposto: moeda desvalorizada, o Brasil no colo do Fundo Monetário Internacional e um segundo mandato em que o presidente praticamente se arrastou no cargo.

Essa lógica de buscar personagens que confirmem as teses pré-determinadas pelos editores é marcante na chamada "imprensa corporativa", em que o conteúdo jornalístico acaba sendo sempre contaminado pelos interesses dos patrocinadores privados, ou seja, do grande capital. A hegemonia de um pensamento neoliberal vem sendo construída meticulosamente no Brasil há muitos anos. Prova disso foi a criação de um filhote da Exame na Editora Abril, chamado Você S/A, que estimulava os empregados de qualquer empresa a se enxergar como empresários – ou como sociedades anônimas – e não mais como trabalhadores. Ou seja: o objetivo era justamente destruir a consciência de classe para que todos se vissem como proprietários, ainda que sua única posse fosse justamente a sua força de trabalho. Naquele tempo, nem se vislumbrava a atual uberização das relações laborais, mas a base conceitual deste fenômeno já começava a ser construída ideologicamente.

O quadro atual da imprensa econômica é infinitamente pior do que naquele tempo. Recentemente, a revista Exame foi adquirida pelo banco de investimentos BTG Pactual. Seu principal concorrente é o site Infomoney, que pertence à corretora XP, mas nenhum dos dois veículos de comunicação divulga um "disclaimer", informando ao público que "somos controlados por banqueiros e trabalhamos em defesa do interesse dos banqueiros". Se antes o capital financeiro influenciava a mídia econômica como patrocinadora, agora ela já é dona das empresas, sem ser transparente com quem consome seus conteúdos.

Para piorar, o jornal Valor Econômico, que depende financeiramente dos subsídios que recebe do governo federal por meio da anacrônica obrigatoriedade de publicação de balanços em veículos impressos, é 100% controlado pela família Marinho, do grupo Globo, que possui uma visão de mundo bem mais financista do que industrialista sobre os rumos a tomar na economia. É exatamente por isso que em debates como o da reforma da Previdência, ou o da taxação de grandes fortunas, as vozes progressistas permaneceram sempre alijadas. É assim que vão sendo construídos ou fabricados os falsos consensos que iludem os leitores – que são também eleitores – para que os ricos se tornem cada vez mais ricos na sociedade mais desigual do planeta.

Mas precisamos aqui retomar o fio da meada. Na Abril, um personagem que também gostava de buscar argumentos para confirmar suas teses pré-concebidas era o próprio dono da empresa, Roberto Civita. No ano de 1996, se não me engano, ele precisava de alguns pontos para, na reunião do seu conselho de administração, defender que a Abril tomasse empréstimos no exterior para investir em sua empresa de TV por assinatura, a TVA. Além das reportagens para Exame, meu chefe naquela Época, Gustavo Camargo, também produzia relatórios periódicos para Roberto Civita. Ocorre que ele estava de férias e o diretor financeiro da empresa, que repassava os pedidos do chefão, disse que a missão era minha. "Já que só tem tu, vai tu mesmo". O pedido não era para escrever a verdade, mas sim aquilo que ele deveria apresentar no conselho. E assim entreguei a ele argumentos – que eu sabia ser falaciosos – indicando que o Brasil não repetiria crises cambiais como a do México e as de países asiáticos. Resultado: Roberto Civita ficou encantado, escreveu-me um bilhete manuscrito repleto de elogios, mas a Abril se endividou em dólar e depois entrou em profunda crise financeira. Isso é que dá buscar o autoengano. Aliás, outra coisa que nunca entendi foi a devoção dos Civita a FHC, que, com a desvalorização cambial de 1999, praticamente levou a empresa a breca.

A despeito disso, posso dizer que fui feliz na Exame. E meu tempo lá se esgotou em 1997, ano em que casei, fui pai pela primeira vez e também recebi um convite de trabalho quando saía do altar, no dia do casamento. O consultor Carlos Alberto di Franco, ligado à Universidade de Navarra, na Espanha, me cumprimentou e cochichou no meu ouvido: “me procure assim que voltar da lua-de-mel, tenho uma oferta para você”. E foi assim que, recém-casado, e ainda aos 25 anos de idade, fui enviado para aquela cidade que considero a Terra Prometida: Belo Horizonte.

Sou do mundo, sou Minas Gerais

Quem me acompanha pela TV 247 sabe que um dos meus compositores favoritos é o Salomão Borges, mais conhecido como Lô, e que também sou beatlemaníaco, daqueles sempre prontos para dar um pulo em Liverpool se houver uma oportunidade. Por isso mesmo, uma das canções especiais de Lô, de seu irmão Márcio Borges e do saudoso Fernando Brant é Para Lennon e McCartney. "Por que vocês não sabem do lixo ocidental? Não precisam mais temer, não precisam da solidão, todo dia é dia de viver… Sou do ouro, eu sou vocês, sou do mundo, sou Minas Gerais."

O Lô, como diz meu amigo Gustavo Conde, com quem fiz os "pocket shows da resistência democrática", representa uma galáxia única a ser desvendada na música brasileira. Não é comparável a mais ninguém. É ele – e ponto final. Na canção Equatorial, uma das minhas favoritas, encanta-me o verso "nesta noite nasceu meu pai". E como ensina o poeta romântico William Wordsworth, "a criança é o pai do homem". Foi em Minas, portanto, que me tornei homem. Tenho dois filhos mineiros e uma filha paulista. De Minas, guardo a lembrança do melhor ar do Brasil, o ar da liberdade, e também a recordação de um céu quase sempre azul entrecortado pelas montanhas. Pode ser piegas essa declaração de amor aqui, mas como diz a letra de Duduca de Moraes, "quem te conhece, não esquece jamais, oh, Minas Gerais." Cada canto do Brasil tem seus encantos, mas Minas, para mim, representa a alma profunda do país.

Pois bem. Lá cheguei aos 25 anos para ser editor de economia do jornal Estado de Minas, naquele tempo o maior de Belo Horizonte. Diziam as más línguas, dos mineiros exilados em São Paulo, que eu seria rapidamente devorado pelos editores do jornal, raposas velhas do jornalismo local. E, de fato, houve algumas emboscadas. Numa delas, ganhei a missão de produzir logo de cara uma reportagem contra um dos melhores amigos do então diretor-geral do jornal, Édison Zenóbio. Felizmente, fui alertado por uma voz amiga e rapidamente aprendi a ficar mais matreiro. Tanto assim que eu, que na redação era chamado de "paulista" embora fosse brasiliense, lá permaneci por quatro anos, de 1997 a 2001, num período de muito crescimento pessoal e profissional.

Em 1998, ano seguinte à minha chegada a Belo Horizonte, seria fundada aquela empresa que hoje é o nosso parceiro mais importante aqui no 247: o Google. Parceiro mais importante tanto para o site Brasil 247, em razão da publicidade programática, que chega por meio da tecnologia dos leilões de compra e venda de espaços comerciais, como para a TV 247, que existe essencialmente dentro do Youtube, uma subsidiária do Google. Quem primeiro me falou sobre a nova companhia do Vale do Silício foi o amigo Virgílio Almeida, professor do Departamento de Ciências da Computação da Universidade Federal de Minas Gerais. Foi também ele quem me indicou o livro "Information Rules", um guia estratégico para a economia em rede, de Carl Shapiro e Hal Varian – este último depois veio a ser economista-chefe do Google e defende a tese de que, num sistema econômico ideal, todos os preços devem ser definidos por leilões. É exatamente isso o que hoje acontece no ecossistema de negociação de espaços publicitários na internet.

Naquele momento, vivíamos a primeira onda da internet. Já existiam portais como o Uol e o Terra. Muitos jornalistas já estavam sendo fisgados nas redações tradicionais e migrando para plataformas digitais. Era evidente que serviços que engordavam as receitas dos jornais impressos, como os classificados, também seriam muito mais eficientes no mundo digital. Portanto, era óbvio que o jornalismo entraria numa fase disruptiva e que o tema "morte dos jornais impressos" entraria em pauta. No mundo das consultorias, já começavam a ser feitas as previsões sobre qual seria o prazo limite para a circulação da informação em papel. 2010? 2020? Enfim, não sabíamos quando morreríamos, mas sabíamos que estávamos num Titanic a caminho de um gigantesco iceberg. E sem capitão.

Nesse primeiro "boom" da internet, os jornais tradicionais não foram feridos de morte porque ainda não havia portabilidade para a informação digital. Ela estava restrita aos computadores, que, na maioria dos casos, ainda eram desktops – e não notebooks. Também não havia os tablets nem os smartphones. Ou seja: como não era possível carregar a informação para o banheiro, para a piscina ou para o avião, ainda havia alguma sobrevida para o jornalismo em papel. Pouco tempo depois, alguns nomes da chamada "grande imprensa", como Luís Nassif, Reinaldo Azevedo e Paulo Henrique Amorim, começaram a se aventurar na internet como os primeiros blogueiros.

Todos esses movimentos eu acompanhava à distância, mas também com grande interesse. Contudo naquele tempo minhas prioridades eram pagar as contas – "make ends meet", como diria Paul McCartney, na canção Lady Madonna. Quando finalmente consegui comprar meu apartamento na Terra Prometida, veio a benção travestida de catástrofe. Por desentendimentos internos com um novo diretor de Redação, saí de Belo Horizonte, onde imaginava que ficaria para sempre. E lá estávamos nós – já éramos quatro – preparando a volta para São Paulo, em 2001, depois de um quadriênio muito bem vivido nas Minas Gerais e que me fez também engordar quase quinze quilos – a gastronomia mineira é um capítulo à parte. A saída abrupta do Estado de Minas, que me parecia uma catástrofe, foi, na realidade, uma mudança necessária para que pudéssemos avançar. Tudo sempre progride e se desenvolve na direção correta, mesmo que não pareça à primeira vista.

Das coberturas jornalísticas feitas em Belo Horizonte, uma das mais interessantes foi a da reunião da Área de Livre Comércio das Américas (Alca), quando entrevistei pela primeira vez o ex-presidente Luiz Inácio Lula da Silva e também dirigentes sindicais estadunidenses. Se Lula não tivesse vencido a disputa presidencial de 2002, o projeto da Alca provavelmente teria sido imposto goela abaixo do Brasil e teríamos sido transformados numa colônia, risco que voltou a existir depois do golpe parlamentar de 2016 e do simulacro de eleição presidencial em 2018, em que o neofascismo chegou ao poder justamente porque Lula foi artificialmente retirado de campo por meio de um processo de *lawfare*.

Meu grande amigo Murillo Mendes

Para mim, é impossível recordar Belo Horizonte sem lembrar do grande empresário Murillo Mendes, engenheiro homônimo do grande poeta, que ergueu a construtora Mendes Júnior, construiu Itaipu e deixou este mundo em 2018, aos 93 anos, quando ainda trabalhava – exemplo que pretendo seguir. Murillo foi para mim não apenas amigo, mas também tutor, conselheiro, fonte de inspiração intelectual e também de boas piadas (nem todas de salão), além de grande recomendador de livros de gestão empresarial. Foi com ele que comecei a tomar gosto pela administração.

A primeira lição foi a mais simples de todas, mas é na simplicidade que estão guardados os conceitos mais sólidos. Ele foi o primeiro a me dizer que toda empresa, qualquer empresa, pode ser resumida numa palavra: sistema. Toda empresa é um sistema, onde entram insumos e de onde sai um produto ou um serviço. Essa ideia permeia livros de gestão que fizeram grande sucesso, como "Everything I Know About Business I Learned At McDonald's", de Paul Facella, ou seja, "tudo que eu aprendi sobre negócios, eu aprendi no McDonald's". Um "big mac" precisa ser o mesmo em qualquer lugar do mundo, precisa receber os mesmos ingredientes e ter o mesmo sabor, além de ser preparado no mesmo tempo. É isso que torna o "sistema" eficiente.

Outro livro fundamental, que me veio por suas mãos, é "Corporate Religion", de Jesper Kunde. Empresas de sucesso são aquelas que conseguem construir uma visão comum e reunir (ou re-ligar) todos os seus líderes e também o seu público em torno de uma cultura – o que implica missão e propósito. No nosso caso, o que estamos perseguindo é a construção de uma comunicação colaborativa e transparente, que empodere o público e o ajude a formar consciência e tomar posições de forma independente, sem a influência de pressões econômicas ou políticas. Este objetivo nos torna completamente diferentes dos veículos da mídia corporativa, que são aparelhos ideológicos do estado (ou do capital), como bem definiu Louis Althusser, e por isso mesmo nos tratam como malditos – ainda que sejamos admirados, apoiados e até amados por nosso público.

Além do gosto pela administração, Murillo também apontou uma nova vereda no meu sertão, que foi a possibilidade de ser escritor. Em 2003, pouco tempo depois da invasão do Iraque pelos Estados Unidos, consequência dramática da "guerra ao terror" aberta pela administração de George W. Bush e Dick Cheney após o 11 de Setembro de 2001, publiquei o livro "Saddam, o amigo do Brasil", sobre as relações entre Brasil e Iraque construídas na época da ditadura militar. Sem reservas internacionais, sem acesso a créditos externos e sem petróleo, o Brasil conseguiu manter sua economia em atividade exportando produtos, como os Passats da Volkswagen e os frangos da Sadia, e serviços, como as grandes obras de engenharia da Mendes Júnior. Foi a partir do material fornecido por Murillo que publiquei este primeiro livro, que chegou a ter grande repercussão na época, por ter sido lançado no momento em que a destruição do Iraque era o tema principal do noticiário.

Murillo, meu amigo, chegou a empregar mais de 30 mil pessoas na antiga Mesopotâmia com seu "sistema Mendes Júnior". Foi lá que o grupo Pitágoras, do ex-ministro e empresário Walfrido dos Mares Guia, também aperfeiçoou seu sistema educacional. E foi também com Murillo que escrevi um segundo livro, chamado "Quebra de Contrato", sobre negócios conflituosos da Mendes Júnior com a administração pública. Publiquei ainda um terceiro, chamado "A CPI que abalou o Brasil", sobre o escândalo de financiamento de campanha que se abateu sobre o Partido dos Trabalhadores, em 2005, e também um e-book chamado "Eike, o homem que vendia terrenos na lua", quando o empresário Eike Batista, que pretendia ser o homem mais rico do mundo, ainda não era percebido como uma fraude. Mas nenhum desses livros me deu tanto prazer quanto este "De jornalista a youtuber", que jorra copiosamente dos meus dedos e da minha mente neste exato momento.

Na Lapa de Baixo, com o inesquecível Domingo Alzugaray

De todas as pessoas que conheci em quase trinta anos de jornalismo, ninguém foi tão charmoso e tão carismático quanto o empresário Domingo Alzugaray, que, ao lado de Mino Carta e Luis Carta, fundou a Editora Três. Argentino naturalizado brasileiro, Domingo começou a vida como ator de fotonovelas, depois atuou no cinema e acabou se tornando diretor comercial da Abril, de onde saiu para fundar sua própria editora, que lançou títulos como Istoé, Senhor, Status e, em 1997, a revista Istoé Dinheiro, para onde me transferi em 2001, como editor de Economia.

Voltei a São Paulo naquele ano, a convite do jornalista Ivan Martins, com quem havia trabalhado na revista Exame. Na redação, comandada por Carlos José Marques, havia nomes como Joaquim Castanheira e Milton Gamez, precocemente falecidos, Luiz Fernando Sá, Dárcio Oliveira, Carlos Sambrana, Ricardo Grinbaum e Alexandre Teixeira. Mas a minha passagem pela revista ficou marcada pela relação estreita com o próprio Alzugaray – o que me rendeu ataques de colegas, mas também grandes recordações.

Uma delas aconteceu no episódio "Marcos Valério". No fim de 2004, o telefone tocou na redação e, do outro lado da linha, estava uma desconhecida secretária, chamada Fernanda Karina Somaggio, que dizia ter todos os segredos de um empresário também desconhecido à época, chamado Marcos Valério de Souza, dono das agências de publicidade DNA e SMP&B, em Minas Gerais. O que ela tinha para contar, naquele momento, era que as agências vinham sendo usadas como fonte de recursos de financiamento eleitoral não apenas para o PT, como também para o PSDB, dada a relação próxima entre Valério e o ex-ministro tucano Pimenta da Veiga. Em 2004, no entanto, ela não tinha provas do que afirmava. E sua entrevista só foi publicada nove meses depois, em junho de 2005, quando o então deputado Roberto Jefferson denunciou a participação de Valério no que foi chamado pela imprensa de "mensalão". Naquele instante, Karina se tornou prova testemunhal – e dessa forma foi apresentada ao público.

Ao longo desses nove meses, Valério pressionou Alzugaray a me demitir. Numa das conversas que tivemos, em tom de brincadeira, sugeri a ele que entregasse a minha cabeça, mas me cedesse um pedaço dela. E Domingo, com sua típica ironia, respondeu: "ok, combinado, mas por que eu deveria ceder a você um pedaço?" Na verdade, de forma clara, ele sinalizava que eu estava dentro do seu curral – portanto, eu não tinha controle nem sobre a minha própria cabeça.

Esta descrição pode transmitir a ideia equivocada de que Alzugaray mandava e desmandava nos seus jornalistas. Não era assim que as coisas aconteciam. O traço essencial da sua personalidade era o sarcasmo típico de um Poderoso Chefão, que foi interpretado por Marlon Brando no cinema e com quem ele até se assemelhava fisicamente. De certo modo, Alzugaray foi um Dom Corleone da imprensa brasileira e é lamentável que nenhuma biografia a seu respeito tenha sido produzida. Nos seus bons tempos, ele foi muito melhor editor do que seus concorrentes – e com o mérito de ter partido do zero, e não de projetos pré-existentes.

Outro capítulo da minha relação com Alzugaray que me colocou sob chuvas, raios e trovões foi o caso Daniel Dantas, em torno da disputa pelo controle das telecomunicações privatizadas no governo FHC, que, por si só, valeria um livro à parte. Naquele período, vários jornalistas se envolveram numa guerra sem sentido algum e a minha posição sempre foi muito clara: a de que a Polícia Federal jamais deveria ser usada como instrumento de guerra a serviço de qualquer parte numa disputa comercial. Recentemente, quando lançou o livro "Lawfare", essencial para compreender a nova forma de dominação nas sociedades modernas, o advogado Cristiano Zanin Martins, que defende o ex-presidente Lula, alertou para o risco de que setores do Poder Judiciário sejam capturados por interesses políticos ou privados – e até mesmo internacionais – em disputas corporativas ou eleitorais.

Mas esse caso Daniel Dantas, por ser deveras complexo, mereceria dezenas de capítulos, o que não faz sentido neste livro. O que posso dizer é que, quando fui injusta e covardemente atacado por vários colegas, e também alvo de perseguições judiciais, Domingo foi extremamente corajoso e solidário. Sou também testemunha do seu caráter e sei que ele já ajudou grandes jornalistas, como Raimundo Rodrigues Pereira, criador do jornal Movimento, Samuel Wainer, fundador da Última Hora, e Fernando Morais, um dos maiores escritores brasileiros, hoje no Nocaute, em momentos delicados de suas trajetórias. Fernando escreveu, inclusive, que Domingo salvou sua vida durante a ditadura militar. Quando perguntei a ele quem foi o maior jornalista que já conheceu, Domingo me respondeu: Samuel Wainer, de quem falarei mais adiante. Meu amigo Alzugaray foi um empresário, com todas as contingências que esta palavra impõe, que amou e respeitou os jornalistas e o jornalismo.

Na Editora Três, fiquei de 2001 até o fim de 2010, ou seja, durante todo o governo do ex-presidente Lula. Fui editor de economia, colunista político, jornalista investigativo e redator-chefe da revista Istoé Dinheiro. Conheci e convivi com praticamente todos os grandes empresários do Brasil naquele que foi o período de ouro da economia brasileira. Não por acaso, em 2010, o banqueiro André Esteves, do BTG Pactual, chegou a dizer, com razão, que o Brasil vivia seu melhor momento em 500 anos. Era verdade. Crescimento de quase 7% ao ano, inflação controlada, os direitos de sediar Copa do Mundo e Olimpíadas conquistados, grau de investimento, inclusão social sem precedentes, respeito internacional jamais experimentado em nossa história e o pré-sal sinalizando novas perspectivas de desenvolvimento para o Brasil. Nada parecia ser capaz de deter o Brasil. Lula era, nas palavras de Barack Obama, "o cara" – só não sabíamos ainda que era o "cara a ser abatido" pela máquina de guerra do Império. E a revista Istoé fechava a cobertura do seu segundo governo com uma capa precisa que dizia "nunca fomos tão felizes". Era nesse momento que eu cogitava pedir demissão, depois de uma viagem para um retiro espiritual no Japão, para me tornar empresário.

A compra de um iPad e o nascimento do Brasil 247

Pode parecer algo banal e prosaico, mas a minha decisão de ser empresário nasceu depois que comprei um iPad, em agosto de 2010. Até então, eu não era nenhum fanático por tecnologia, viciado em gadgets modernos. Mas o iPad, criação fantástica da Apple, de Steve Jobs, de fato, mudou minha percepção sobre o jornalismo.

Mais cedo, narrei que, na primeira grande onda da internet, quando eu vivia em Belo Horizonte, a informação digital não tinha portabilidade. Não podia ser carregada para o banheiro, para a piscina ou para o avião. Com o iPad, isso mudou. E eu, que assinava praticamente todos os jornais, comecei a me dar conta que jogava todos eles, intactos, no lixo. Preferia ler as edições digitais. Se isso acontecia comigo, que já era quase um "quarentão", por que também não aconteceria com os mais jovens? A "morte dos jornais impressos" passou a ser uma questão de tempo e foi acelerada pela inovação empresarial da Apple. Em pouco tempo, os saguões dos aeroportos, que viviam lotados de restos de jornais, estavam limpos. Os passageiros passavam a ler nos seus tablets. Percebi então que o iceberg estava cada vez mais próximo do nosso Titanic – e eu não pretendia afundar.

Naquele ano de 2010, o empresário Rupert Murdoch, magnata das comunicações nos Estados Unidos, na Austrália e no Reino Unido, lançou o The Daily, que seria o primeiro jornal para iPad no mundo. Decidi então lançar o segundo, que seria o Brasil 247. O Daily nasceu com um erro de concepção – e por isso já morreu. Tentou reproduzir no mundo digital o mesmo modelo dos jornais, com uma única edição por dia, ou seja, sem nenhuma atualização no ritmo dos acontecimentos. Nós teríamos mais edições – duas ou três. Mas eu também recebi um conselho divino, pela voz de uma pessoa que conheceu meu projeto e disse para que criasse também um site de notícias. O aplicativo para iPad, disse-me ele, seria visto como inovador no começo, mas rapidamente acabaria como moda passageira. As pessoas continuariam a buscar informações pelos tradicionais sites de notícias. E, além disso, os veículos impressos também começavam a fazer sua transição para a internet.

De fato, ele tinha razão. Quando numa nova etapa de desenvolvimento tecnológico os sites se tornaram "responsivos", com seus conteúdos adaptáveis a quaisquer tamanhos de tela, os aplicativos foram perdendo espaço. E assim o Brasil 247 como "jornal para iPad" foi dando lugar ao site de notícias tradicional. Além disso, os próprios tablets começaram a desaparecer quando os smartphones passaram a se sofisticar, com telas maiores e melhores recursos para leitura. Hoje, em praticamente todos os sites de notícias, mais de 80% da audiência já vem dos celulares – e não mais dos computadores, sejam eles desktops ou notebooks. A informação digital ganhou asas e acelerou o fim da mídia em papel.

Do ponto de vista editorial, nossa opção foi clara: valorizar as conquistas dos governos Lula, acompanhar o governo da presidente Dilma Rousseff com a percepção de que se tratava da continuidade de um projeto bem-sucedido de crescimento com inclusão social, mas também ouvir todas as forças políticas, quando poucos vislumbravam a possibilidade de um golpe de estado contra a democracia brasileira, ainda que um "golpe suave", como o que aconteceu em 2016.

De certo modo, eu intuía essa possibilidade. Quando criei o site, na virada do segundo governo Lula para o primeiro governo Dilma, imaginei que nossa primeira mulher eleita presidente cumpriria apenas um mandato e não buscaria a reeleição – exatamente o que ocorreu na Rússia com Vladimir Putin e Dimitri Medvedev, em que o segundo desistiu da reeleição e cedeu lugar para o primeiro, após seu mandato presidencial.

Eu imaginava que, quando Lula tentasse retornar ao poder, em 2014, a chamada mídia corporativa viria babando de ódio para cima do operário que foi reconhecido pelo povo como o melhor presidente da história do Brasil. Sinais desse ressentimento já eram evidentes ao longo de seus dois mandatos, mas, neste período, a imprensa não teve força para atacá-lo, em razão de seus altíssimos índices de popularidade, acima de 70%. Na eleição de 2014, num novo round entre PT e um candidato do sistema, provavelmente do PSDB, a guerra seria total.

Em 2011, quando o site efetivamente nasceu, meu plano era ser para Lula, guardadas as proporções, o que Samuel Wainer, fundador da Última Hora, foi para Getúlio Vargas. Não porque eu fosse petista ou mesmo "lulista", ou me considerasse à altura do "judeu da Bessarábia", mas apenas por acreditar que deveria ter uma posição contramajoritária no debate ideológico. Além do mais, a guerra da Última Hora, de Samuel Wainer, contra jornais como O Globo, da família Marinho, e a Tribuna da Imprensa, do "corvo" Carlos Lacerda, foi um dos períodos mais fascinantes da nossa história. Outro motivo que me fez "querer ser" Samuel Wainer foi o livro "Minha razão de viver", sua biografia escrita pelo jornalista Augusto Nunes. Acreditem se quiserem, mas Augusto Nunes já foi um cara legal, em algum lugar do passado, antes de migrar para o "lado obscuro da força". Curiosamente, as forças que atacaram Getúlio em 1954 são as mesmas que golpearam Lula em 2018. São aquelas que desejam ver um Brasil subalterno aos interesses de outra potência – o que fica claro num país hoje governado por quem bate continência para a bandeira dos Estados Unidos e diz "I love you" para um Donald Trump que ameaça sobretaxar produtos brasileiros.

A busca de uma linha editorial progressista, mas também aberta a outras correntes políticas, foi possível até 2014, ano em que Dilma Rousseff, ao contrário do que eu previa, disputou sua reeleição contra o tucano Aécio Neves. Se Aécio tivesse vencido, o projeto de submissão voluntária da "ponte para o futuro" teria sido imposto já em 2015. Como perdeu, o golpe de estado começou a ser imediatamente urdido por forças de dentro e fora do Brasil, com apoio total da mídia corporativa. Foi assim que o campo democrático se estreitou brutalmente no Brasil. E muitos políticos com quem costumávamos dialogar, infelizmente, se tornaram golpistas. Por defender a soberania do voto popular e a democracia, passamos a ser rotulados como um "blog petista". Aliás, cumpre esclarecer, que nem blog somos. Com cerca de 200 artigos publicados por dia, estamos na categoria dos portais de notícias. Outro ponto importante é que jamais tentamos dar um caráter personalista ao 247. Enquanto vários jornalistas, à direita e à esquerda, estavam criando seus blogs pessoais, o nosso projeto era o de estruturar uma empresa, com diversos jornalistas e colunistas independentes, além de clara linha editorial progressista. Quando conseguimos, por exemplo, contratar nomes como Paulo Moreira Leite e Tereza Cruvinel, ícones do jornalismo brasileiro, demos um salto de qualidade. Registro ainda que estes dois profissionais, a exemplo de outros jornalistas, haviam colidido com a imprensa corporativa, não se sujeitando à instrumentalização do jornalismo na guerra contra o PT e Lula mais tarde, a eles se somou o grande Alex Solnik, que produziu grandes reportagens e entrevistas ao longo de sua trajetória jornalística.

Com o passar dos anos, o Brasil 247 foi ganhando audiência, credibilidade e também inimigos. Alguns nos atacavam com suposições ridículas, como a de que "2 + 4 + 7 = 13", ou seja, eis aí a prova de que seríamos um site petista. Mas se fosse esta a intenção, por que não criar logo de cara o "Brasil 13", que se comunicaria de forma muito mais direta com seu público-alvo? Evidentemente, não era essa a razão do nome. Basta "dar um Google" com o número 247 para descobrir que existem milhares de profissionais e empresas ao redor do mundo que se apresentam como 24/7, ou seja, vinte quatro horas por dia, sete dias por semana. Nossa ideia sempre foi a de transmitir a ideia de informação como um fluxo contínuo e ininterrupto.

Por sinal, sempre gosto de recordar uma conversa que tive com Raimundo Rodrigues Pereira e Fernando Morais, em Recife, lá pelos idos de 2012, a respeito do que eu imaginava ser a comunicação do século 21. Raimundo defendia que o campo progressista tivesse seu próprio jornal impresso. Fernando afirmava que, com uma webcam e uma conexão de internet, qualquer pessoa poderia ser um "Roberto Marinho", e de certa forma foi premonitório, porque naquele momento o Youtube ainda não era uma plataforma de informação, mas sim de entretenimento infantil e juvenil. Fernando também dizia que a própria palavra jornal era obsoleta, uma vez que derivada do francês "journal", ou seja, diário. Eu concordei e sustentei, naquela conversa, que a informação não poderia mais ser diária, mas sim 24/7, ou seja, atualizada a cada instante e a cada momento.

Sobre a oportunidade de ser empresário, importante destacar o fim das barreiras de entrada para se tornar proprietário de empresa jornalística. Se antes eram necessárias rotativas e um parque gráfico, hoje bastam computadores, conexões de internet e profissionais qualificados – ou "criadores de conteúdo", como são chamados os youtubers. A tecnologia se tornou um instrumento decisivo para a democratização da comunicação. A outra face desta mesma moeda é a possibilidade de que, com as "fake news", o discurso de ódio e o controle dos algoritmos, a tecnologia seja usada para o controle da informação e para a destruição da democracia, nos moldes do pesadelo totalitário do livro "1984", de George Orwell. Fenômenos recentes como Brexit, Donald Trump e Jair Bolsonaro são os resultados práticos do uso distorcido das plataformas tecnológicas.

A gênese do discurso de ódio no Brasil

Tenho cá pra mim que o senador José Serra, do PSDB de São Paulo, é o pai de Jair Bolsonaro. Não no sentido literal, obviamente, mas como precursor do discurso de ódio no Brasil. Como todos sabem, José Serra sempre se considerou predestinado a ser presidente do Brasil. Ex-presidente da União Nacional dos Estudantes em 1964, ano do golpe militar contra João Goulart, ele se exilou no Chile, estudou nos Estados Unidos, foi secretário de Franco Montoro e depois ministro da Saúde, prefeito de São Paulo e também governador do estado. Mas seu sonho real sempre foi a presidência da República.

Em 2002, Serra disputou a eleição presidencial contra Lula e foi derrotado. Dias depois do segundo turno, ele reconheceu que seria praticamente impossível superar "um mito". Em 2010, no entanto, ele, com seu complexo de superioridade, não estava preparado para perder para a ex-guerrilheira Dilma Rousseff. E, antes mesmo daquela disputa, o ambiente político brasileiro já começava a ser contaminado por "fake news" – na mídia tradicional, e não apenas nas redes sociais – e por discursos de ódio. Dilma foi alvo de uma ficha falsa da ditadura militar, publicada na Folha de S. Paulo, e chegou a ser acusada nos subterrâneos da internet de ter ligação com o assassinato de um militar durante a ditadura, acusação falsa que, muitos anos depois, foi explorada pelo bolsonarismo, mas ainda assim conseguiu vencer aquela disputa. Veio embalada na popularidade de Lula e na esperança de ser a primeira mulher presidente, num país machista e que, no golpe de 2016, se mostrou também misógino.

Dois anos antes da disputa presidencial de 2010, o jornalista Reinaldo Azevedo, que hoje cumpre importante papel na luta democrática contra o fascismo, lançava o livro "O país dos petralhas". Naquele momento, Serra era governador de São Paulo e muito próximo ao colunista de Veja. Durante muito tempo, Reinaldo se orgulhou de criar a palavra "petralha", que fundia as palavras "petista" e "metralha". Começava ali o processo de construção do inimigo, tal qual na Alemanha nazista, em que era necessário identificar o "judeu" a ser exterminado. Coincidentemente, há pouco tempo, quando entrevistei a filósofa Marcia Tiburi para a TV 247, ela me disse que o antipetismo foi o equivalente no Brasil ao antissemitismo. Antes militante do Psol, Marcia também me contou que se filiou ao PT como um "ato de resistência", ou seja, como uma ação claramente antifascista.

Paralelamente a essas ações, outros comunicadores começavam a ocupar espaço na mídia corporativa, como, por exemplo, o historiador Marco Antônio Villa, que também disseminava mensagens de ódio ao Partido dos Trabalhadores e a seus simpatizantes em veículos alinhados ao Palácio dos Bandeirantes. Além disso, na revista Veja, que refletia o "pensamento paulista", o governo Lula era impiedosamente atacado. Jornalistas que se aventuravam na internet pela esquerda eram rotulados como "ex-jornalistas demitidos da grande imprensa". Ou seja: jornalistas mesmo eram apenas aqueles dispostos a reproduzir o pensamento dominante e a defender a volta do PSDB, partido das elites e da submissão voluntária aos interesses geopolíticos dos Estados Unidos, ao poder. Também em Veja, o colunista Diogo Mainardi passou a elaborar listas de "jornalistas lulistas" como forma de intimidação – e até eu cheguei a ser listado por ele.

Serra perdeu a eleição, mas a água suja de sua campanha presidencial de 2010 já havia contaminado o rio da política nacional. Em 2014, o governador Aécio Neves, que muitos imaginavam ser um político mais moderado e conciliador (eu mesmo caí nesse conto), repetiu as mesmas táticas eleitorais e também empregou, com seus aliados, o jornalismo de guerra. Com a derrota de Aécio e a perspectiva de que o PT obtivesse um ciclo de vinte anos de poder, como fora sonhado por Sérgio Motta, para o PSDB, os tucanos perderam as estribeiras. Organizaram o golpe de estado de 2016, com apoio da mídia corporativa, das oligarquias políticas e também do imperialismo internacional. Para garantir povo na rua, começaram a radicalizar ainda mais o discurso – o que, por sinal, já vinha sendo feito desde as jornadas de "junho de 2013", em que bonecos de Lula e Dilma começaram a ser inflados e pendurados nas pontes. Isso já explicitava a entrada em cena de grupos de caráter protofascista, que ocuparam as ruas com suas camisas verde-amarelas, seguiram um pato amarelo da Federação das Indústrias de São Paulo e depois chegaram ao poder na figura de Jair Bolsonaro para executar o projeto econômico de… José

Serra. O discurso de ódio, plantado pelos tucanos em 2010, chegaria ao poder em 2018, com o capitão reformado.

Fotos: Ederson Casartelli

Tv 247
JORNALISMO REAL, PESSOAS REAIS
MARIELLE
AGATHA
LULA LIVRE

Tv 247

Os jornalistas de cativeiro e os jornalistas livres

De todos os grupos de mídia independente no Brasil, nenhum tem um nome tão interessante quanto os "Jornalistas Livres", que revela que a liberdade de expressão, na mídia comercial brasileira, não existe de forma plena. Os jornalistas da imprensa corporativa, muitos deles grandes profissionais, têm uma liberdade vigiada e controlada por seus patrões. E estes, por sua vez, são suscetíveis aos interesses de seus patrocinadores e acionistas, o que, na prática, transforma a imprensa comercial num instrumento de dominação – e não de democratização e conscientização da sociedade. Por isso mesmo, não chega a ser surpreendente que os principais jornais do Brasil tenham apoiado abertamente o golpe militar de 1964 e, mais recentemente, o golpe parlamentar de 2016, contra a ex-presidente Dilma Rousseff.

Em contraponto aos "jornalistas livres", ouvi pela primeira vez a expressão "jornalista de cativeiro", quando realizamos um encontro com nossos assinantes, no feriado de Primeiro de Maio de 2019, em São Paulo. Uma pessoa da plateia pediu a palavra e falou sobre a frustração de seu marido, já falecido, que havia sido um jornalista infeliz, por ser obrigado a reproduzir o pensamento das elites – e não o seu. Em outro de nossos encontros com assinantes, o grande jornalista Paulo Moreira Leite, que havia sido redator-chefe de Veja e diretor de redação de Época, foi às lágrimas ao contar um diálogo que teve com suas filhas numa noite de fim de ano, quando foi questionado sobre por que era obrigado a publicar coisas nas quais não acreditava piamente. No 247, finalmente, ele se sentia livre para ser Paulo Moreira Leite.

Digo isso não para glamourizar a mídia independente, que também enfrenta o mesmo desafio de se autofinanciar e de produzir jornalismo de qualidade, mas para destacar que ela é alvo permanente do menosprezo de veículos corporativos – incluindo alguns da própria internet – que pretendem se apresentar à sociedade como portadores da verdade e como bastiões da liberdade, quando são apenas as vozes de seus patrões e, em última análise, do grande capital.

Já falei antes sobre como o jornalismo econômico passou a ser totalmente dominado pelo capital financeiro, com a Exame nas mãos do BTG Pactual e o Infomoney sob o controle da XP. Mas o mesmo pensamento único conquistou também os cadernos econômicos de praticamente todos os jornais do País, como o Estado de S. Paulo, que vem tendo suas dívidas roladas por credores de tempos em tempos, e a Folha de S. Paulo, que pertence a uma família, os Frias, que tem hoje como principal negócio o PagSeguro, também uma atividade no ramo financeiro. Não por acaso, todos os cadernos econômicos defendem ardorosamente as privatizações, que abrem novas fronteiras de exploração capitalista, e reformas como a da Previdência, que transferem poupança do setor público para o setor privado.

No passado, os jornalistas que se aventuravam a atuar na mídia independente pela canhota eram achincalhados como "ex-jornalistas demitidos pela grande imprensa". Hoje, este discurso não cola mais, até porque muitos dos jornalistas da "grande imprensa" que antes atacavam os blogueiros também foram demitidos, em razão da crise estrutural das empresas em que trabalhavam. A nova forma de ataque consiste em dizer que existe um certo "jornalismo profissional", que seria feito apenas pelos veículos alinhados ao grande capital. É como se Paulo Moreira Leite e Tereza Cruvinel tivessem sido "profissionais" apenas no passado, quando atuaram em veículos da família Marinho ou da família Civita – esta, por sinal, já foi expelida do mercado editorial brasileiro. Ou que Mauro Lopes, que já foi editorialista da Folha de S. Paulo e editor do Painel, tivesse sido "profissional" apenas enquanto "jornalista de cativeiro" da família Frias, e não mais agora, quando tem muito mais autonomia como "jornalista livre". E mesmo no meu caso o profissionalismo teria deixado de existir quando não mais trabalhei para os Civita ou para a família Alzugaray.

A democratização da mídia e o duplo papel da tecnologia

Em poucos países do mundo há tanto controle do discurso como no Brasil. Depois do golpe militar de 1964, o grupo Globo, da família Marinho, foi escolhido pelos generais e também por seus parceiros internacionais para montar uma estrutura nacional de radiodifusão. Com seu quase monopólio na comunicação, os Marinho se tornaram uma das famílias mais ricas do mundo, com poder para escolher e derrubar presidentes. Abaixo deles, outros grupos se ergueram também no campo da radiodifusão, mas também submissos ao poder fardado, como o SBT, de Silvio Santos, e a Bandeirantes, da família Saad. E nunca houve exemplo maior de vassalagem diante do poder e manipulação e humilhação dos mais pobres do que o do "rei do baú".

Com a redemocratização do País, todos esses grupos foram cautelosamente abrindo espaço para as vozes da sociedade civil, mas nunca perderam a sua essência, como representantes das oligarquias e do verdadeiro poder, vinculado ao grande capital. A vitória do Lula, em 2002, representou um hiato democrático na história do País. Pela primeira vez, um representante do povo, tipicamente brasileiro, chegava ao poder. Lula jamais hostilizou a imprensa tradicional e escolheu dois caminhos para democratizar a comunicação: a pulverização dos recursos da publicidade oficial, na gestão de Franklin Martins, e o estímulo à comunicação pública, com a criação da Empresa Brasileira de Comunicação (EBC), implantada e dirigida pela jornalista Tereza Cruvinel. Foram dois movimentos importantes, mas hoje Lula considera ter feito pouco pela democratização dos meios de comunicação.

Na Argentina, sob o governo de Cristina Kirchner, o caminho foi distinto. Lá, o grupo Clarín foi forçado a vender parte de suas atividades, quando uma tal de "Ley de Medios" foi aprovada. Além disso, houve também grande estímulo à comunicação pública, com o fortalecimento da agência pública de notícias Télam e do Canal 7, a TV Pública argentina, a quem foram garantidos, por exemplo, os direitos de transmissão das partidas de futebol. O sucessor de Cristina, Mauricio Macri, que acaba de ser varrido pela população após mais um desastre neoliberal, conseguiu desfazer boa parte deste legado, mas a comunicação por lá se tornou mais plural do que no Brasil.

Diante do exemplo vizinho, e acolhendo boa parte das proposições da primeira e única Conferência Nacional de Comunicações já realizada no Brasil, a Confecom de 2009, Franklin Martins elaborou um projeto de regulação dos meios de comunicação, que previa inclusive a criação de uma agência reguladora independente, tais como as existentes em tantos países democráticos, especialmente na Europa. Representantes de todas elas participaram de um seminário organizado por Franklin Martins para oferecer subsídios. Mas o governo Lula já estava chegando ao fim e o presidente optou por entregar a aprovação e a implementação do projeto à sucessora Dilma Rousseff. No entanto, o texto foi engavetado pelo ministro das comunicações, Paulo Bernardo.

Pouco tempo depois da posse, tanto Bernardo quanto Dilma passaram a dizer que a melhor forma de democratização seria o "controle remoto", ou seja, bastaria mudar de canal – discurso bastante criticado por acadêmicos e defensores da uma política mais assertiva neste campo. Dilma, inicialmente cortejada pela mídia corporativa com tentativas de colocá-la contra Lula, realçando as diferenças entre eles, parece ter caído na ilusão de que, contra ela, não haveria a mesma guerra midiática disparada contra o antecessor. Enganou-se, como ficaria claro na disputa contra Aécio em 2014 e no curso do golpe de 2016. Em sua defesa, e de sua ministra Helena Chagas, foi notável o desenvolvimento da comunicação pública, em especial da Agência Brasil, sob o comando da jornalista Denize Bacoccina, e também a implantação de uma política transparente de investimento publicitário pelo governo federal e pelas empresas estatais, além do diálogo saudável com todos os meios de comunicação, incluindo os golpistas, que hoje são o alvo preferencial do governo neofascista de Jair Bolsonaro.

É também importante dizer que a defesa de uma comunicação pública não é nenhuma jabuticaba brasileira. Basta dizer que a britânica BBC, exemplo de jornalismo profissional, é uma empresa pública de comunicação, assim com a RFI, Radio France, e a Swissinfo, apenas para ficar em alguns exemplos notórios.

O argumento em defesa da comunicação pública é simples: a informação é um bem precioso demais para ser entregue a monopólios privados. Mais do que isso, a informação é um direito da sociedade – e não uma "concessão" dada aos cidadãos por determinadas famílias, pretensamente guardiãs da liberdade de expressão. No Brasil, no entanto, o projeto da EBC e sua primeira presidente Tereza Cruvinel foram duramente atacados pelos monopólios privados e por colunistas estrategicamente escolhidos para realizar o trabalho sujo. A TV Brasil foi apelidada de "TV do Lula", apesar de todas as demonstrações de sua independência editorial. Depois do golpe de 2016, quando foi aparelhada pelo governo usurpador de Michel Temer, nunca foi chamada de "TV do Temer", e muito menos de "TV do Bolsonaro", que liquidou com o projeto de comunicação pública, reduzindo a emissora a um canal de difusão ideológica e de propaganda de seu governo.

Enquanto, no governo Dilma, ocorria o debate sobre a democratização dos meios de comunicação, diversos veículos vinham se desenvolvendo na internet brasileira, como o Brasil 247, a Revista Fórum, o Diário do Centro Mundo, o GGN, o Opera Mundi, o Sul 21, o Nocaute e o Portal Metrópoles, entre tantos outros. Muitos deles foram "digital native", ou seja, já nasceram na internet, assim como aconteceu com diversas experiências bem-sucedidas em outros países, como os sites Huffington Post, Politico e Business Insider, nos Estados Unidos. Paralelamente, vários comunicadores se tornaram grandes influenciadores digitais, mesmo sem jornais digitais, atuando diretamente em plataformas como Youtube, Twitter, Facebook,

Instagram e Linkedin. De certa forma, a tecnologia fez o trabalho de democratização da mídia, ao baratear os custos de produção e quebrar as barreiras de entrada para a criação de novas empresas de comunicação.

No entanto, algumas dessas plataformas de tecnologia também se tornaram instrumentos de domínio da informação e há quem diga que nunca houve tanto controle do discurso como há hoje nas mãos do grupo de Mark Zuckerberg, que a um só tempo controla o Facebook, o WhatsApp e o Instagram. Não por acaso, o Facebook teve papel determinante na "primavera árabe", na "revolução laranja", na Ucrânia, no estímulo ao Brexit, no Reino Unido, e nas jornadas de junho, no Brasil – todos processos alinhados aos interesses geopolíticos dos Estados Unidos, o que reforçou a discussão sobre seu papel nas chamadas operações psicológicas e nas guerras híbridas, tema que tanto debati com o caríssimo amigo Pepe Escobar. Nessa nova modalidade de ataque, as redes sociais são usadas como instrumentos de manipulação de massas em processos de mudança de regimes políticos não alinhados com a Casa Branca.

Mesmo nos Estados Unidos, o papel das empresas de tecnologia tem sido questionado. Recentemente, a candidata derrotada por Donald Trump nas eleições de 2016, Hillary Clinton, disse que a empresa de Mark Zuckerberg deveria ser punida pelos danos causados à democracia. Uma das candidatas democratas em 2020, Elizabeth Warren, fala claramente em dividir as empresas de tecnologia, assim como aconteceu com os grandes monopólios do petróleo e do aço no início do século

20, para reduzir o poder dos bilionários do Vale do Silício. Esse mesmo debate também ocorre no Reino Unido, onde a jornalista Carole Cadwalladr, do The Guardian, que protagoniza o filme "Privacidade Hackeada", denuncia o papel das empresas de tecnologia nos recentes processos de manipulação e controle da democracia pelos poderosos, como vem ocorrendo em vários países, incluindo o Brasil. Ela também questiona se estes novos bilionários pretendem entrar para a história como libertários ou coveiros das democracias ao redor do mundo.

Durante o governo da presidente Dilma, ao mesmo tempo em que surgiam novos veículos de comunicação, criados – diga-se de passagem – por jornalistas profissionais, as redes sociais passaram a ser infestadas por páginas notórias pela publicação de notícias falsas e por discursos de ódio. Um dos exemplos mais notórios foi a página "Revoltados Online", que acabou sendo banida pelo Facebook, mas muitas outras conseguiram se manter, como foi o caso de movimentos como o MBL e o Vem pra Rua, que contaram com apoio das oligarquias nacionais para se expandir e provavelmente também com recursos internacionais – o que lhes deu alcance desproporcional na rede social. No caso do Vem pra Rua, seu endereço na internet foi registrado na Fundação Estudar, do empresário Jorge Paulo Lemann, dono da Ambev e da maior fortuna do Brasil. Este bilionário, assim como muitos outros, esteve entre aqueles que apoiaram a deposição da ex-presidente Dilma Rousseff.

Foi essa combinação entre discurso de ódio e fake news na nova "comunicação memética", feita a partir dos memes, que começou a envenenar a sociedade brasileira e a preparar o terreno para o golpe de estado de 2016, que entrou numa nova etapa em 2018, com a ascensão de um governo neofascista e de um presidente que se vangloria de ter feito toda a sua campanha nas redes sociais. O personagem que chegou ao poder no Brasil, Jair Bolsonaro, é a própria encarnação do discurso de ódio e da mentira como estratégia política. Por isso mesmo, é a representação perfeita dos tempos atuais, assim como Donald Trump, nos Estados Unidos, e Boris Johnson, na Inglaterra. E a tecnologia, que prometia nos libertar dos velhos monopólios do século 20, pode ter preparado o terreno, com seus algoritmos, para uma forma de dominação ainda mais complexa e perigosa.

Na disputa presidencial de 2018, o Facebook havia prometido realizar no Brasil seu mais contundente esforço de combate às fake news. Curiosamente, a iniciativa foi anunciada na revista Veja, notória por disseminar notícias falsas contra a esquerda, e também patrocinada por grandes corporações como Ambev e Coca-Cola. Esse esforço seria realizado em parceria com "empresas de checagem", certificadas por universidades e fundações dos Estados Unidos, que prometiam avaliar os bons e os maus conteúdos. No entanto, logo na largada, as agências de checagem classificaram como falsa uma notícia verdadeira – a de que o Papa Francisco havia enviado um rosário ao ex-presidente Lula, quando este era mantido como preso político em Curitiba. Claramente, havia a intenção de estigmatizar a mídia independente, que divulgou a informação, como produtora e propagadora de "notícias falsas", para limitar seu alcance na rede social e, assim, reconstruir o velho monopólio da mídia oligárquica. E se há algo que comprova o fracasso do pretenso combate das empresas de tecnologia às "fake news" é a própria eleição de Jair Bolsonaro.

Por que os fascistas atacam o jornalismo

Um dos aspectos marcantes do bolsonarismo, em seu primeiro ano de governo, foi a guerra aos meios de comunicação tradicionais – os mesmos que apoiaram o golpe de estado de 2016, contra a ex-presidente Dilma Rousseff, e também a própria eleição de Jair Bolsonaro, ao vender para a opinião pública uma tese fajuta desenvolvida pelo PSDB: a de que o petista Fernando Haddad, um social-democrata moderado, e o então representante do PSL, típico político de extrema-direita, seriam os "dois extremos" da política nacional e que o segundo turno colocava o Brasil diante do pior cenário possível. A omissão cínica dos meios de comunicação corporativos, que no fundo pretendiam ver implantado no Brasil o receituário neoliberal de Paulo Guedes, foi decisiva para a ascensão do neofascismo – um regime, que, paradoxalmente, acabou se voltando contra a mídia comercial.

Em seu primeiro ano de mandato, foram dezenas as situações em que Jair Bolsonaro atacou veículos de comunicação como Globo e Folha de S. Paulo, incluindo seus profissionais, por meio de postagens nas redes sociais, notadamente o Twitter. No Brasil, ele praticamente seguia à risca o mesmo manual traçado por Steve Bannon, uma espécie de Goebbels pós-moderno, para Donald Trump, nos Estados Unidos, onde a guerra foi dirigida a veículos como CNN e The New York Times. O que Bannon vendia como política de comunicação para Trump era reproduzido pelo "guru" Olavo de Carvalho para o discípulo Bolsonaro. Uma política que envolveria insultos a jornalistas, estímulos a comunicadores de extrema direita nas redes sociais, uso de robôs e também o apoio a propagadores das "fake news" e até de grotescas fraudes científicas, como o terraplanismo.

Para compreender a lógica desses ataques, é preciso antes entender como as democracias estão sendo corroídas por dentro no século 21 e dois livros fundamentais são "Fascismo: um alerta", de Madeleine Albright, que foi secretária de Estado na administração de Bill Clinton, e "Como as democracias morrem", de Steven Levitsky e Daniel Ziblatt. Ambos pontuam que a imprensa corporativa funcionava como uma espécie de filtro nas democracias burguesas, indicando quem poderia ou não participar do debate público. Eram os "mediadores" da ágora, como indica a própria palavra "media". Com o advento das redes sociais, e também o impasse econômico aberto desde a crise financeira de 2008, o grande capital se viu forçado a recorrer a discursos extremistas para se conectar com os medos mais profundos das sociedades e, assim, fazer avançar sua agenda econômica regressiva. Não por acaso, empresas como a britânica Cambridge Analytica foram usadas para mapear os perfis psicológicos de seguidores do Facebook e outras redes sociais. Se o seu sentimento predominante é a "inveja", tome então notícia falsa sobre o enriquecimento de figuras de determinado campo político. Se o seu receio é ter um filho homossexual, dá-lhe mamadeira erótica.

E assim foi sendo construída a máquina de desinformação e manipulação nas redes sociais.

No Brasil, Jair Bolsonaro se elegeu com o uso intensivo das notícias falsas, especialmente via WhatsApp, uma subsidiária do Facebook. Exemplos mais marcantes foram a mentira de que Fernando Haddad implantaria o "kit gay" e a "mamadeira de piroca" nas escolas, para estimular a diversidade sexual, e também que havia estuprado uma criança. Outros exemplos de notícias falsas eram as informações de que o Partido dos Trabalhadores implantaria o "comunismo" no Brasil e também fecharia igrejas evangélicas. Muitas dessas mentiras eram espalhadas por meio do compartilhamento em massa nas redes sociais, o que, por sua vez, era financiado por caixa dois pago por empresários alinhados ao bolsonarismo – o que foi denunciado pela jornalista Patrícia Campos Mello, da Folha de S. Paulo, filha de Hélio Campos Mello, que dirigiu Istoé e depois fundou a revista Brasileiros.

Como Bolsonaro já tinha um "manual" olavista para atacar a mídia corporativa, essas reportagens investigativas serviram como pretexto para os ataques, que não se limitaram à Folha. O jornal O Globo, e também alguns de seus profissionais, como a jornalista Miriam Leitão, se tornaram alvo das milícias digitais bolsonaristas – um tema hoje investigado pela "CPI das Fake News", no Congresso Nacional.

Alvos das baixarias, os veículos da mídia corporativa não passaram a se referir a Jair Bolsonaro como um presidente neofascista, muito embora ele claramente siga todas as normas do manual da nova extrema direita. A estratégia passou a ser a mesma usada por jornais como o The New York Times nos Estados Unidos, onde os ataques de Donald Trump à imprensa provocaram um efeito conhecido como "Trump bump". Ao aumentar a ansiedade social, Trump provocou um rápido consumo do noticiário político – fenômeno que se repetiu no Brasil. E a mídia corporativa, que se colocou como vítima diante dos ataques, não só conquistou mais publicidade digital, como passou a fazer campanhas por mais assinaturas "em defesa da democracia", ainda que, no caso brasileiro, ela tenha sido coveira da democracia, ao apoiar o golpe contra Dilma Rousseff, em 2016, e a eleição controlada pelas elites, em 2018. De certo modo, em vez de combater verdadeiramente o fascismo, a imprensa comercial hoje tenta tirar proveito econômico deste fenômeno.

De forma claramente oportunista, a Folha de S. Paulo passou a usar os ataques de Bolsonaro, que ela própria ajudou a eleger e cujo projeto econômico apoia, para pedir mais assinaturas. Além disso, o jornal O Globo, que criou o mito das "pedaladas fiscais" para embasar o golpe contra Dilma e liderou a campanha de ódio e o jornalismo de guerra contra Lula, passou a publicar, ao final de cada matéria, um pedido de assinaturas e doações em apoio ao "jornalismo profissional".

Com o avanço do neofascismo, Trump, Bolsonaro e outros populistas de direita passaram a atacar o jornalismo por uma razão simples. O que eles pretendem colocar em xeque é o próprio conceito de verdade factual. Na algaravia das redes sociais, eles apostam que o poder será conquistado e exercido por aqueles que forem capazes de mentir com mais convicção – e também capazes de mobilizar mais seguidores propensos a insultar adversários. Nesse sentido, Bolsonaro está no poder justamente porque representa "o melhor do pior", como me disse a filósofa Marcia Tiburi. Não há ninguém no Brasil capaz de mentir com tanta desfaçatez. O "mito", na verdade, deveria se chamar "o minto". Como definiu minha amiga Hildegard Angel, Jornalista pela Democracia, hoje vence quem mente mais alto.

No entanto, o ataque do bolsonarismo ao que consideramos real não se limita ao jornalismo. Ele extrapola o campo das verdades voláteis do cotidiano e busca também alcançar a ciência e a história. Não por acaso, têm sido comuns no Brasil tentativas de reescrever a realidade histórica, como tem sido feito pelo "guru" Olavo com seu "Brasil paralelo" – nome que, de fato, indica a possibilidade de criação de uma realidade paralela. Curiosamente, o Brasil tornou-se também o único país do mundo em que um astronauta, o ministro Marcos Pontes, é incapaz de ensinar aos seguidores do bolsonarismo e do olavismo que a Terra é redonda, e não plana.

A lógica desses ataques foi explicitada pelo professor Tom Nichols, de Harvard, no livro "The Death of Expertise: The Campaign Against Established Knowledge". A destruição do conhecimento confere uma sensação de poder a todos os ignorantes que passaram a ter voz nas redes sociais e que passaram a se considerar aptos a insultar pessoas mais cultas apenas porque receberam os comandos do "guru". Como ensinou o marqueteiro Roger Stone, que elegeu Donald Trump em 2016, e depois acabou sendo preso, "jamais subestime o poder da ignorância e da mentira". Para entender como essas duas forças foram empregadas por Trump, é fundamental assistir ao filme "Get me Roger Stone". Bolsonaro aprendeu a lição e parece também ter incorporado um novo elemento a essa regra. Além de fazer uso da mentira e da ignorância, ele também não subestima a arrogância e a propensão à violência de seus apoiadores.

TV 247: tudo começou numa padaria

Quem chegou até este ponto do livro já se deu conta de que o viés autobiográfico foi interrompido para breves reflexões sobre comunicação e neofascismo. Superada essa etapa, retomo aqui a minha trajetória, com a história de criação da TV 247, nosso canal no Youtube, que fecha o ano de 2019 com quase 500 mil inscritos e várias horas de programação diária nesta plataforma, com programas como "Paz e bem", "Bom dia 247", "30 minutos com Tereza Cruvinel", "Giro das 11", "Leo ao quadrado", "Boa noite 247", "Live do Conde" e "O dia em vinte minutos", além de várias entrevistas.

Tudo nasceu em meados de 2017 quando nosso colunista Paulo Moreira Leite me convidou para um café da manhã com o jornalista Florestan Fernandes Júnior, um dos grandes nomes da televisão brasileira, que aconteceu numa padaria do bairro de Perdizes, em São Paulo. Paulinho, também conhecido como PML, e Florestan já tinham trabalhado juntos num programa da TV Brasil, a televisão pública criada no governo Lula, chamado "Espaço Público". Democrático, o programa convidava representantes da sociedade civil e todas as forças políticas para debates sobre os mais variados temas, mas a comunicação pública foi uma das primeiras vítimas do golpe de 2016 e, antes mesmo de Jair Bolsonaro, Michel Temer já havia iniciado o projeto de desmonte da EBC.

O ataque à EBC foi uma das primeiras medidas de Temer, ao assumir ainda como presidente interino, em maio de 2016, enquanto o Senado dava curso ao processo de deposição de Dilma através de um impeachment sem crime de responsabilidade. Violou o mandato do então presidente da empresa, Ricardo Melo, nomeando para seu lugar o interventor Laerte Rimoli, que desencadeou uma insana caça às bruxas na empresa, especialmente na TV Brasil, demitindo ou rompendo contratos com os principais jornalistas da emissora, entre eles Paulo Moreira Leite, Florestan Fernandes Júnior e Tereza Cruvinel, fundadora da empresa. Como o Supremo Tribunal Federal desautorizou a troca ilegal de comando, Temer radicalizou: acabou com o mandato do diretor-presidente, garantidor da independência editorial das emissoras públicas da EBC, e com o Conselho Curador, composto por representantes da sociedade civil. Outro alvo de Temer foi justamente a imprensa independente. Depois de usurpar a presidência numa sexta-feira 13, a de maio de 2016, já no dia seguinte ele avisava pelos jornais que romperia com os contratos de publicidade dos "blogs petistas". Ele só não imaginava que estes veículos de comunicação, que não têm vínculo político-partidário, eram e são bem menos dependentes da propaganda oficial do que a própria mídia corporativa, que há décadas vive pendurada no estado.

Feito este parêntese, retorno àquele encontro na padaria com o Florestan, que eu ainda não conhecia pessoalmente e de quem vim a me tornar grande amigo. A ideia inicial era produzirmos algo semelhante ao Espaço Público, comprando espaço em algum canal de televisão por assinatura, mas isso se mostrou inviável diante dos custos envolvidos. Em paralelo, começamos a estudar a possibilidade de uma televisão pela internet e, para isso, foi essencial ouvir os jovens: meus dois filhos, que já tinham o hábito de se informar pelo Youtube. Um deles acompanhava um canal progressista de política nos Estados Unidos chamado The Young Turks, criado por Cenk Uygur, e ancorado por ele e pela jornalista Ana Kasparian. O outro costumava assistir documentários históricos, em especial os produzidos pelo canal Vox Media. De jornalismo audiovisual pela internet, o que eu já acompanhava era o canal russo RT.

Quando assisti a esses dois canais, o Young Turks e o Vox, veio o estalo. Até então, confesso, jamais tinha mergulhado pra valer no Youtube. Por preconceito ou desinformação, eu encarava a plataforma como um instrumento de entretenimento para crianças ou adolescentes. E imaginava também que se comunicar no Youtube era algo restrito a pessoas mais histriônicas, capazes de gritar no meio da multidão, ou de, ao menos, serem minimamente engraçadas. Como eu sempre fui de fala mansa e nunca fui bom contador de piadas, imaginava que aquele jamais seria meu ambiente – ainda que já tivesse participado de vários programas jornalísticos na televisão, como, por exemplo, o Roda Viva.

O Young Turks havia desenvolvido um modelo que me pareceu extremamente inteligente: uma televisão de estúdio, em que as informações factuais eram reproduzidas na tela por meio de tweets ou posts de Facebook, e não por tomadas externas, captadas na rua – o que representa o maior custo das televisões abertas. O diferencial do canal era justamente a tomada de posição corajosa, em defesa dos cidadãos, e não das corporações, e as opiniões claras dos apresentadores Cenk Uygur e Ana Kasparian. Isso sem falar nas grandes entrevistas, como uma clássica feita com Bernie Sanders. Esse modelo de uma "televisão de estúdio" foi exatamente o que decidimos seguir, num primeiro momento.

Antes do canal no Youtube, que passou a existir de fato no 247 em agosto de 2017, já tínhamos feito algumas entrevistas para transmissão ao vivo no Facebook. Uma delas, em Porto Alegre, com a ex-presidente Dilma Rousseff, que eu e o nosso ninja Nicolas Iwashita realizamos com um aparelho celular. Depois disso, passamos a usar o apartamento do Paulo Moreira Leite e de sua companheira Carol, nos Jardins, para entrevistas ao vivo, ainda transmitidas pelo Facebook. Também realizamos, eu e Florestan, uma outra entrevista com o presidenciável Ciro Gomes, em seu apartamento, no Itaim, com um celular e uma péssima iluminação. Depois disso, Florestan começou a me alertar sobre a importância dos aspectos técnicos – e não apenas do conteúdo – em qualquer produção audiovisual.

Foi assim que montamos um estúdio, no Itaim, que foi batizado como "Estúdio Florestan Fernandes Júnior". Depois disso, praticamente abandonamos o Facebook para transmissões em vídeo e concentramos todo o nosso conteúdo no Youtube. Certa vez, quando foi ser entrevistado na TV 247 e viu a placa, o jornalista Franklin Martins me questionou: "o Florestan morreu?" Disse que não e também que, no nosso caso, as homenagens são prestadas em vida. Sem aquele café inicial na padaria, não teríamos hoje a TV 247 e nem haveria aqui um jornalista convertido em youtuber para contar esta história.

Meu encontro com Leonardo Stoppa

Outro personagem essencial para esta minha conversão de jornalista a youtuber foi o amigo Leonardo Stoppa, que, em 2017, ainda vivia na Inglaterra, prestando serviços como eletricista. Antes do golpe de 2016, no entanto, Stoppa começou a se tornar relativamente notório na internet, produzindo vídeos pelo Facebook e pelo Youtube, em que alertava sobre o que aconteceria no Brasil caso a presidente Dilma Rousseff fosse efetivamente derrubada pelo golpe que vinha sendo urdido no submundo da política. Premonitório, Stoppa já advertia para a mudança no modelo de exploração do pré-sal, para o novo enquadramento geopolítico do Brasil, agora como quintal dos Estados Unidos, e para o avanço das "fake news" na internet, em torno de temas de costumes, como religião e sexualidade. Seus vídeos eram reproduzidos em seu canal e também em outros parceiros, como o "Dilma Resistente" e o Cafezinho.

Quando viu um de seus vídeos, minha esposa foi clara: procure o Stoppa! A nossa percepção era que ele tinha a rara habilidade de abordar temas complexos de forma extremamente simples, clara e direta – ou seja, tudo que é necessário para ser um comunicador de alto impacto e também compreendido pela maioria da população brasileira. Como eu tinha uma viagem prevista a Barcelona, a convite de uma empresa catalã chamada Marfeel, que era nossa parceira em tecnologia, decidi viajar fazendo uma escala em Paris e convidei o Stoppa para me encontrar na cidade-luz.

Esse encontro comporta uma pequena anedota. Como os recursos eram escassos, alugamos um único quarto, mas ainda não nos conhecíamos. Stoppa chegou na frente e pegou antes a chave do quarto, que estava arrumado com uma cama de casal – e não duas camas de solteiro, como havia sido combinado. Cheguei pouco tempo depois e também estranhei a cama "king size". Quando o encontrei no lobby do hotel, a empatia foi imediata. Senti grande empatia por ele, e por seu jeito mineiro de "menino bão", mas questionei por que ele não pediu pra mudar para duas camas de solteiro. "Uai, sô, eu também estranhei, mas não sabia o que era pra ser". Rimos muito naquela viagem, dormimos em camas de solteiro, mas houve um inconveniente. Passei a noite ligando para casa e desabafando com a minha esposa: "o Stoppa ronca demais!". É possível que ele tenha feito o mesmo quando eu finalmente consegui pegar no sono.

O fato é que, em poucas horas de conversa, acertamos sua vinda para o Brasil. Foi Stoppa quem praticamente montou todo o nosso estúdio, pois, além de grande comunicador, ele também é especialista em áudio, iluminação e todos os aspectos técnicos de uma produção em vídeo. Também acertamos o programa que marcaria a minha estreia no Youtube, o "Leo ao quadrado", em que eu praticamente atuaria como um levantador de bola para que o Stoppa cortasse, quando questionado sobre qualquer assunto

– aliás, é impressionante a sua capacidade de argumentar sobre qualquer tema, mesmo quando é preciso improvisar.

Embora eu nunca tenha jogado vôlei, essa característica de atuar como "levantador" é um dos meus traços como entrevistador. Não porque eu realize entrevistas chapa-branca, feitas sob medida para o entrevistado. Mas porque gosto de deixar os convidados à vontade. Gosto de ouvi-los para extrair o que de melhor têm para oferecer, mesmo quando são necessárias perguntas duras. Detesto entrevistas em que os jornalistas, para demonstrar uma suposta imparcialidade, atuam com hostilidade ou até como delegados de polícia diante de seus entrevistados. Agir deste modo não é sinal de independência. É simplesmente falta de educação.

Assim como teríamos o "Leo ao quadrado", também faríamos entrevistas esporádicas e outros programas no "Estúdio Florestan Fernandes Júnior", como o "Boa noite 247". Naquele momento, quem foi essencial para me convencer que teríamos público para programas diários foi o experiente jornalista Alex Solnik, que passou a compor a bancada do "Boa Noite" com o grande Paulo Moreira Leite. Solnik foi tão insistente que, felizmente, me convenceu a tornar o quadro uma atração diária. Gisele Federicce ainda não era a nossa âncora, nem nosso ponto de equilíbrio, o que será tema de um outro capítulo.

Logo depois do "Leo ao quadrado", comecei a me sentir mais autoconfiante diante do vídeo e decidi criar um outro programa, o "Bom Dia 247", que acabou se tornando um dos carros-chefes da nossa programação. Neste quadro diário, faço uma análise crítica do noticiário da mídia comercial e independente. De certo modo, o "Bom Dia" reproduz um pouco o modelo do site "Brasil 247", que também faz uma leitura crítica, com um olhar progressista, do noticiário produzido pelos veículos tradicionais. Com tantos programas já realizados, volta e meia sou reconhecido nas ruas por pessoas que dizem tomar café comigo todos os dias – o que é motivo de grande satisfação e que também prova o alcance do jornalismo realizado por vários "criadores de conteúdo" dentro do Youtube, uma alternativa real de competição contra os grupos de radiodifusão que foram concedidos por generais a famílias que se consideram aristocráticas no mundo da comunicação.

Papai agora é youtuber

Certa vez, quando entrevistei os jornalistas Marco Bezzi e Helder Maldonado, que formam os "galãs feios", um ótimo canal de informação e humor no Youtube, refletimos sobre sermos jornalistas ou youtubers. Os dois são jornalistas que atuaram durante muitos anos na cena cultural e migraram para o Youtube, diante da crise estrutural por que passa a imprensa convencional. Brincamos dizendo que, num futuro não muito distante, jornalistas serão lembrados como os dinossauros, uma espécie extinta. Alguns de nossos espécimes poderão ser encontrados nos museus de história natural ou nos camelódromos, como brinquedos para crianças, que dirão aos pais no Natal: quero um jornalista de presente.

No campo oposto, os youtubers já vinham despontando no topo da cadeia profissional. O carioca Felipe Neto, que se tornou notório como um crítico da série Crepúsculo, depois se transformou num comunicador de sucesso para crianças e adolescentes, antes de assumir um papel progressista e extremamente construtivo em suas redes sociais para adultos, como o Twitter, em que ele tem se posicionado como uma das principais vozes contra o fascismo no Brasil. O piauiense Whindersson Nunes descobriu novas fronteiras do humor. E muitos outros foram desbravando fronteiras, como os humoristas do Porta dos Fundos e o catarinense Pedro Loos, do Ciência Todo Dia, apenas para citar alguns canais notórios.

Na comunicação política, o Youtube foi primeiramente ocupado por comunicadores de direita ou mesmo de extrema-direita. Dentre esses se tornaram bastante populares o guitarrista Nando Moura e também "Arthur 'Mamãe, Falei' do Val", que acabou se elegendo deputado estadual. Tudo isso deixava claro que já não havia mais a fronteira entre o jornalista profissional, que adquire técnicas de apuração e assume determinados compromissos éticos, quando cursa uma faculdade, e o influenciador digital.

Por organização da direita ou desarticulação do campo progressista, o fato é que os discursos neoliberais e contrários à esquerda se tornaram predominantes nas plataformas digitais, no período em que o Brasil foi contaminado pelo discurso de ódio. Processo semelhante também havia ocorrido nos Estados Unidos, antes da ascensão de Donald Trump, com canais como o "Infowars", de Alex Jones. Se este foi ou não um movimento articulado internacionalmente pelo grande capital, só saberemos dentro de alguns anos. Mas o fato é que tanto Trump como Bolsonaro se colocam contra qualquer tentativa de "controle da internet", justamente porque são articuladores da intoxicação do debate público.

O fato é que a disputa ideológica ou de narrativas se tornou muito mais complexa nas sociedades modernas. Já não vivemos mais num mundo em que uma imprensa ligeiramente mais progressista (que quase já não existe mais no mundo empresarial) compete com outra mais liberal ou conservadora, como já foi o caso de Folha versus Estadão ou Libération contra Le Monde e Le Figaro. O que temos são veículos da mídia corporativa vinculados à agenda liberal, mas ainda defensores de alguns valores civilizatórios, e redes sociais ocupadas por discursos ultraconservadores, por propagadores de "fake news" e de discursos de ódio – o que coloca uma grande ameaça para as democracias.

É nesse ambiente que a esquerda precisa se posicionar, partindo de grandes desvantagens competitivas. Tradicionalmente, os progressistas têm mais compromisso com a argumentação sincera e racional – o que nem sempre é uma vantagem. É por isso mesmo que alguns intelectuais, como Chantal Mouffe, têm defendido a tese de que seria necessário um "populismo de esquerda" para enfrentar os movimentos neofascistas da sociedade moderna. Além disso, discursos contrários aos interesses do grande capital, nem sempre contam com a boa vontade dos algoritmos das plataformas digitais e de suas "agências de checagem" contratadas como parceiras.

Ainda assim, nos últimos anos, canais progressistas, como a TV 247, o Blog da Cidadania, o canal Leonardo Stoppa, a DCM TV e a Fórum experimentaram forte crescimento, mostrando que há espaço para atuação do jornalismo profissional de esquerda – sim, jornalismo profissional – também no Youtube. Mas quando minha filha mais nova ou alguma criança pergunta qual é a minha profissão, costumo dizer que sou youtuber. Não renego meu passado nem minha história como jornalista, pelo contrário, mas acredito que um jornalista no Youtube passa a ter uma nova forma de relacionamento e conexão com os seus leitores e telespectadores, que passam a ser também seus amigos. A comunicação vertical da mídia corporativa, em que uns falam de cima e outros, os de baixo, recebem as mensagens, dá lugar a uma comunicação horizontal, onde todos têm voz e podem estar no mesmo plano.

A estética Dogma 95 e Gisele como apresentadora

Quando começamos a realizar os nossos primeiros vídeos, com uma produção relativamente precária e excessivamente realista, em que se ouvia o latido dos cães e os programas eram interrompidos pela campainha de casa, o amigo Renê Guedes, que é consultor de empresas e também crítico de cinema, disse que nossa forte conexão com o público era decorrente da nossa estética "Dogma 95".

Embora seja cinéfilo, eu jamais havia ouvido falar do movimento Dogma 95, lançado em 13 de março de 1995 pelos cineastas dinamarqueses Thomas Vinterberg e Lars von Trier – este muito conhecido por clássicos como "Dançando no Escuro" e "Dogville". O que os cineastas propunham era um cinema mais barato e mais realista, ancorado em princípios como luzes e sons naturais, câmera na mão, nenhum filtro ou truque fotográfico, nada de ações superficiais e, curiosamente, a não exposição do nome do diretor nos créditos finais. Nas transmissões iniciais do "Bom dia 247", um tema permanente nos comentários era minha sapateira desajeitada como fundo do cenário.

Este realismo foi, de fato, extremamente útil para a construção de nossa identidade, tanto que nosso slogan, na TV 247, passou a ser "Jornalismo real, pessoas reais". No meu tempo de faculdade, os estudantes que se consideravam mais letrados tinham certo preconceito com aqueles que faziam a opção pelo telejornalismo. Isso porque os apresentadores dos telejornais eram apenas leitores de teleprompter. Em alguns casos, eram apenas "rostinhos bonitos". Só depois a televisão passou a abrir espaço para âncoras, no telejornalismo, que tinham espaço para expressar suas opiniões, como foi o caso de Ricardo Boechat, e para repórteres com maior independência editorial, como foram Florestan Fernandes Júnior, Caco Barcellos, Rodrigo Viana e Luiz Carlos Azenha, entre outros profissionais.

Nas plataformas digitais, a busca por naturalidade é ainda mais importante. Um jornalista de terno e gravata num canal no Youtube dificilmente enviaria ao público uma imagem de sinceridade e verdade. Na televisão tradicional, ao contrário, o que se busca, com a superprodução, é construção de uma imagem de autoridade e poder – dois conceitos que não combinam com o jornalismo nos meios eletrônicos, nem com o século 21, em que o próprio poder é permanentemente desafiado pela sociedade em rede.

Foi nesse contexto que a jornalista Gisele Federicce, hoje nossa Diretora de Conteúdo, se tornou também a âncora do "Boa noite 247", sendo o nosso ponto de equilíbrio entre os dois comentaristas Paulo Moreira Leite e Alex Solnik. Sempre imaginei que ela poderia ser a nossa Ana Kasparian, a apresentadora do

Young Turks, mas antes disso chegamos a entrevistar várias candidatas para a vaga, que vinham de posições nas televisões abertas. Todas as pessoas que entrevistamos foram recusadas justamente porque estavam habituadas a trabalhar no modelo quase de ficção das televisões abertas – e o que buscávamos eram "pessoas reais" para produzir um "jornalismo real". E Gisele, que está conosco desde o início do 247, acabou provando ser a pessoa ideal para o nosso conceito de TV, com seu carisma, sua seriedade e a verdade que transmite.

Assim como Gisele, pouco tempo depois, passamos a ter também outras "pessoas reais" como apresentadoras, como é o caso da jornalista e advogada Dayane Santos e da psicanalista Dafne Ashton. Da mesma forma, o jornalista Aquiles Lins, um de nossos editores, foi escalado para ser o âncora do nosso "Dia em vinte minutos", apresentado no fim da noite, e o também editor Paulo Emílio, chefe da nossa sucursal em Recife, passou a fazer dupla com a comentarista Tereza Cruvinel pelas manhãs.

Tereza, juntamente com o Paulo Moreira Leite, veio para o Brasil 247 em 2014, e como eu já disse, a contratação deles agregou conteúdo de alta qualidade ao site. Em 2017, quando a TV 247 começou a decolar, ela foi ser colunista política no Jornal do Brasil, que ressurgiu impresso mas, como era previsível, o projeto não se sustentou. Eu então a convidei para voltar, para escrever seus textos analíticos e fazer o programa matinal "30 minutos com Tereza Cruvinel", tendo como instigador o Paulo Emílio. Rapidamente, ela também construiu uma audiência sólida, em razão de sua credibilidade construída ao longo de décadas de jornalismo.

Em todos os casos, o público pode se conectar com os apresentadores, como nos conectamos com o cantor e compositor Belchior, um dos meus grandes ídolos, quando escutamos a canção "Fotografia 3x4". "A minha história é, talvez, é talvez igual a tua, jovem que desceu do norte, que no sul viveu na rua, e que ficou desnorteado, como é comum no seu tempo, e que ficou desapontado, como é comum no seu tempo, e que ficou apaixonado e violento como, como você, eu sou como você, eu sou como você, eu sou como você, que me ouve agora, eu sou como você, como você." Na TV 247, nossos jornalistas informam, mas também se aproximam do público de uma maneira que seria inimaginável na televisão tradicional.

Mauro Lopes e o conceito de uma pós-TV

Minha história com o jornalista Mauro Lopes merece um capítulo à parte. Eu o conheci por volta de 2002, quando era editor de economia da revista Istoé Dinheiro. Naquele momento, Mauro era dono de uma das maiores empresas de comunicação corporativa do Brasil e tinha grandes clientes, como Gol e Natura. Foi ele o responsável, por exemplo, pela gestão de crise do acidente com o voo 1907 da Gol, em que um Boeing 737 caiu na Serra do Cachimbo em 2006, deixando 154 vítimas.

Nós nos falávamos com frequência, embora estivéssemos em lados opostos do balcão: eu como jornalista, muitas vezes como repórter investigativo, e ele como assessor de empresas e, às vezes, de pessoas enroladas no noticiário. Cada um sempre soube defender suas posições e seus interesses, mas a nossa relação sempre foi de respeito. Certa vez, em 2004, quando eu sofri uma certa perseguição em razão do caso Daniel Dantas, ele me apresentou ao advogado José Roberto Batochio, que se tornou meu grande amigo, e disse: “cuide deste meu amigo, Batochio, porque estão armando contra ele”.

Anos depois, tive notícias do Mauro fora do jornalismo e como dono de restaurante. Por sugestão do amigo Igor Fuser, também Jornalista pela Democracia, nós o convidamos para uma entrevista e ele falou sobre um livro ainda não concluído, que seria a biografia não autorizada do Papa João Paulo II, que foi um personagem crucial do século 20 e que perseguiu padres ligados à Teologia da Libertação, como o brasileiro Leonardo Boff. Mauro também chegou a ter uma vida monástica e renunciou a vários de seus bens – incluindo sua própria empresa, assim como o industrial do livro (e do filme) *Teorema*, de Pier Paolo Pasolini.

Desse nosso encontro, nasceu o convite para que ele se juntasse primeiro ao Brasil 247, como editor, e depois à TV 247, como apresentador do programa "Giro das 11", em que passamos a convidar vários telespectadores para também participar do programa. Alguns, como os amigos do grupo "Resistentes", também se tornaram youtubers e criaram seus próprios canais.

Em razão dessa natureza dialógica do nosso trabalho, Mauro criou a expressão "pós-TV 247", ou seja, uma televisão em que a relação entre os jornalistas e os telespectadores é horizontal e está ancorada no diálogo. Todos devem ter voz.

Tempos depois, Mauro me procurou com a proposta de um programa sobre espiritualidade. Conversamos rapidamente e intuímos que, mais do que um programa, Mauro deveria ter seu próprio canal intitulado "Paz e bem", o mote de São Francisco de Assis, que ele frequentemente usava nas suas mensagens e também para encerrar seus programas. E assim nasceu seu canal que atingiu grande repercussão e também formou uma comunidade engajada em torno de temas como meditação, paz de espírito e também histórias das lutas populares, com destaque para a série "Retalhos da nossa história", feita em parceria com o historiador Pedro Lima Vasconcelos.

Coincidentemente, o canal Paz e Bem surgiu no momento em que o ex-presidente Lula era alvo de um processo de lawfare, que acabaria por levá-lo à prisão política, assim como já aconteceu, no passado, com outros grandes líderes políticos, como Gandhi e Nehru, na Índia, Pepe Mujica, no Uruguai, e Nelson Mandela, na África do Sul. Por obra do destino, Lula passou a acompanhar não apenas o "Paz e bem" enquanto esteve sequestrado pelo estado brasileiro, como também o curso sobre as grandes lutas populares do país, e se tornou um grande amigo do Mauro, que já havia atuado como organizador do livro "A verdade vencerá", da editora Boitempo, de nossa amiga Ivana Jinkings.

No fim de 2018, Mauro teve um estalo e decidiu organizar o livro "Lula e a espiritualidade – oração, meditação e militância", que reúne artigos de diversos líderes religiosos que visitaram Lula durante os 580 dias de prisão, como Leonardo Boff, Frei Betto, Monja Coen, Padre Júlio Lancelotti, Haji Mangolin, Adriana de Nanã, Pai Caetano de Oxóssi e o rabino Jayme Fucs, entre tantos outros. O livro, que se tornou um grande sucesso, foi editorado pelo grande amigo Sálvio Nienkötter, da Kotter Editorial, que me convidou para ser coeditor. E foi assim que, também graças ao Mauro, acabei me tornando um editor. Já disse algumas vezes que é muito bom ser autor de livros, mas editá-los nos dá um prazer ainda maior. Paz e bem, Mauro!

A TV 247 como companhia diária de Lula no cativeiro

Já disse, num capítulo anterior, que, quando criei o Brasil 247, em 2011, vislumbrava um cenário diferente para a eleição presidencial de 2014. Imaginava que o candidato do Partido dos Trabalhadores seria o ex-presidente Lula e que a imprensa tradicional viria com todas as suas armas contra ele, assim como a Tribuna da Imprensa, do "corvo" Carlos Lacerda, e O Globo, dos Marinho, fizeram com Getúlio Vargas, sessenta anos antes, em 1954. Também já disse que pretendia ser para Lula, guardadas as proporções, o mesmo que Samuel Wainer havia sido para Getúlio, com a sua Última Hora, ou seja, a voz para que o campo trabalhista e nacionalista pudesse se expressar.

Não imaginava que escreveria uma manchete como "Só saio morto do Catete", publicada pela Última Hora, antes do suicídio de Getúlio, até porque Lula, quando começou a ser caçado por seus algozes, disse que não repetiria Getúlio, que se suicidou, nem João Goulart, que se exilou. Mas eu vislumbrava uma eleição extremamente disputada, em que a imprensa comercial usaria todas as armas do jornalismo de guerra para impedir a quarta vitória seguida do Partido dos Trabalhadores.

Minha previsão, no entanto, estava errada. Lula não foi candidato em 2014 e a ex-presidente Dilma Rousseff decidiu buscar a reeleição, tendo como principal oponente o tucano Aécio Neves. Errei o personagem, mas não a perspectiva de uma guerra – e que foi muito mais violenta do que eu suspeitava.

Antes mesmo desta disputa, processos judiciais já estavam começando a ser utilizados como instrumentos de lawfare para influenciar o processo político. Em 2006, o chamado escândalo do "mensalão" foi uma das armas do PSDB, do então candidato Geraldo Alckmin, para tentar impedir a reeleição de Lula. Na imprensa comercial, todo destaque era dado ao financiamento das campanhas do PT, mas não do PSDB, partido que, em Minas Gerais, havia desenvolvido a técnica de uso das agências de publicidade do empresário Marcos Valério para alavancar campanhas, como a da tentativa frustrada de reeleição de Eduardo Azeredo, em 1998, ano em que ele foi derrotado para o ex-presidente Itamar Franco.

Também em 2012, quando o ministro Joaquim Barbosa conduzia os julgamentos do caso do "mensalão", houve uma nítida tentativa da imprensa comercial de utilizar o caso para interferir nas eleições municipais daquele ano, impedindo a vitória de candidatos progressistas. Mas mesmo com o arsenal de acusações usado pela mídia corporativa, Fernando Haddad conseguiu se eleger prefeito de São Paulo, ancorado na gigantesca popularidade de Lula naquele momento, e fez um boa gestão em que ampliou o espaço público na metrópole, com suas ciclovias e outras iniciativas, como o fechamento da Avenida Paulista aos domingos.

Se o "mensalão" não havia funcionado como escândalo nem na época de seu julgamento, o jogo ficaria muito mais pesado a partir de 2013, com as chamadas "jornadas de junho", e em 2014, com o surgimento da Operação Lava Jato, que investigou negócios da Petrobrás e o financiamento de campanhas políticas feito a partir de doações por alguns de seus grandes fornecedores de serviços – em especial as grandes empreiteiras nacionais, que acabaram por ser dizimadas, deixando um rastro de desemprego e obras paradas por todo o Brasil. Segundo cálculos do Clube de Engenharia, nada menos que 100 mil engenheiros foram demitidos em razão da Lava Jato.

Durante todo o ano de 2014, a Lava Jato pairou como uma espada contra o governo da ex-presidente Dilma Rousseff. Empresários eram presos a cada semana e convidados a fazer delações premiadas. Numa linha retórica extremamente agressiva, o candidato tucano Aécio Neves acusava o Partido dos Trabalhadores de ser uma "organização criminosa". Tempos depois, Aécio protagonizou diversos escândalos de corrupção, inclusive um, no governo golpista de Michel Temer, em que seu primo Frederico Pacheco chegou a recolher malas de dinheiro junto à JBS e foi filmado. Num dos grampos, Aécio falava com o empresário Joesley Batista e dizia que o dinheiro deveria ser recolhido por "alguém que a gente possa matar para não fazer delação". Sabe-se lá por que, nada jamais aconteceu na esfera penal ao político mineiro, que se transformou no grande símbolo da impunidade no Brasil.

Naquela eleição, Aécio foi derrotado por Dilma, mas o fim do processo eleitoral não serviu para arrefecer os ânimos. Pelo contrário. Um dia depois da derrota tucana, o colunista Merval Pereira, do jornal O Globo, passou a falar em impeachment. Só não havia o crime, porque nenhuma denúncia de corrupção colava na ex-presidente Dilma Rousseff, em razão de sua comprovada honestidade, reconhecida até pelos adversários. Políticos do PSDB, como o então senador Aloysio Nunes, chegaram a ir aos Estados Unidos para pedir ajuda a seus aliados internacionais. Pouco tempo depois, foi criada a farsa das "pedaladas fiscais", pretexto usado para o golpe parlamentar de 2016, que foi a maior fraude política da história do Brasil. Um vexame em escala planetária.

Enquanto o processo de impeachment avançava num Congresso Nacional comandado por um dos personagens mais corruptos da história do país, o ex-deputado Eduardo Cunha, do MDB, a artilharia da Operação Lava Jato seguia a todo vapor. A "luta contra a corrupção" era o instrumento usado para mobilizar amplos setores da classe média contra o segundo governo da ex-presidente Dilma. Vestidos de verde-amarelo e com a camisa da seleção brasileira, muitos desses manifestantes marchavam atrás de um pato amarelo da... Federação das Indústrias de São Paulo.

Dilma foi afastada temporariamente do cargo em 12 de maio de 2016, data em que completei 45 anos e recebi uma mensagem do amigo Laurez Cerqueira, nosso colunista, em que ele dizia que aquele dia marcava o início da grande luta pela reconquista da democracia no Brasil – o que ainda não ocorreu.

Mais realista, Dilma já antecipava os próximos passos do golpe de 2016. O primeiro seria a mudança no marco regulatório do pré-sal, já no início da administração de Michel Temer. De fato, uma das primeiras medidas do governo golpista foi a aprovação de um projeto do senador José Serra, do PSDB paulista, que abria o pré-sal para a exploração privada. Em seguida, viriam a retirada de direitos trabalhistas e previdenciários. Por último, Lula seria impedido de participar da eleição presidencial de 2018. "Com Lula, o golpe não fica de pé", dizia Dilma. "Não fizeram tudo o que fizeram até agora para que ele volte em 2018 e depois desfaça todo esse desmonte".

Dilma foi definitivamente afastada do cargo no dia 31 de agosto de 2016 pelo Senado Federal e foi vítima de um erro de avaliação cometido também pelo Partido dos Trabalhadores. Muitos de seus líderes passaram a empunhar a bandeira por novas eleições, abandonado a luta pela defesa da soberania do voto popular e, portanto, do mandato de Dilma, imaginando que, numa nova disputa, Lula poderia voltar já em 2016.

De fato, o processo eleitoral de 2018 foi totalmente distorcido em razão do caso Lula. O ex-presidente foi condenado pelo então juiz Sergio Moro em 2017, em razão de supostas reformas pagas pela OAS num tríplex no Guarujá (SP) que jamais chegou a ser propriedade de Lula, e o Tribunal Regional Federal da quarta região, a corte colegiada em Porto Alegre, passou o caso na frente de diversos outros processos. O objetivo era não apenas condenar Lula em segunda instância, para que ele pudesse ser preso e silenciado durante o processo eleitoral, mas também para que sobre ele pesasse a Lei da Ficha Limpa, impedindo assim sua participação no processo sucessório.

Lula foi preso em 7 de abril de 2018 e permaneceu nada menos que 580 dias sequestrado pelo estado brasileiro, a despeito da decisão judicial ter sido condenada pelo Comitê de Direitos Humanos das Nações Unidas, que apontou sua prisão como uma trapaça jurídica para retirar seus direitos políticos e deixá-lo de fora do processo sucessório. Mesmo repudiada pelos maiores juristas do Brasil e do mundo, a prisão foi mantida pelo Poder Judiciário brasileiro e acabou sendo decisiva para a ascensão de um governo de corte neofascista, subordinado aos interesses geopolíticos dos Estados Unidos. Ao longo desse processo, foi lamentável a postura do Supremo Tribunal Federal, que, sob a pressão de generais, suspendeu uma das cláusulas pétreas da Constituição brasileira: a presunção de inocência, que só foi devolvida ao povo brasileiro depois que Jair Bolsonaro já estava no poder.

No dia 31 de agosto de 2018, dois anos depois do afastamento da presidente Dilma Rousseff, o Tribunal Superior Eleitoral, de forma vergonhosa, quebrou sua própria jurisprudência e cassou o registro da candidatura do ex-presidente Lula, quando todas as pesquisas indicavam que ele venceria as eleições daquele ano, talvez até em primeiro turno, mesmo de dentro da cadeia – o que seria uma humilhação para a direita brasileira e para todas as forças que participaram do golpe de 2016. Com esta decisão, o Partido dos Trabalhadores substituiu Lula por Fernando Haddad, que realizou uma boa campanha, passou para o segundo turno, mas depois foi superado pela máquina de "fake news" de Jair

Bolsonaro. Haddad foi acusado até de ter estuprado uma criança nos grupos de WhatsApp pagos por empresários bolsonaristas.

Durante os 580 dias em que permaneceu preso, entre 7 de abril de 2018 e 8 de novembro de 2019, Lula contou com a solidariedade da Vigília Lula Livre e de diversas lideranças nacionais e internacionais que foram visitá-lo. Em todo este período, sua principal fonte de informação foi justamente o noticiário produzido pela TV 247 e por outros canais progressistas – conteúdo que era levado a ele pelo assessor Marco Aurélio, o Marcola, e pelo advogado Luiz Carlos da Rocha. Com autorização judicial, Lula teve acesso a uma televisão com um pen drive e, embora não tivesse internet, pôde se libertar da TV aberta e passou a assistir aos nossos programas, que eram gravados no dia anterior e, em alguns casos, até no mesmo dia. Especialmente o "Bom dia 247", que é transmitido ao vivo às 7h30, nos dias de semana.

Para nós, foi extremamente gratificante saber que não apenas éramos uma das principais vozes do campo progressista e dos nacionalistas na mídia brasileira, mas também um meio de comunicação que levava informação àquele que ainda é considerado, segundo todas as pesquisas, o melhor presidente da história do Brasil. E que também foi nosso preso político mais importante

Em vários momentos, Lula nos escreveu bilhetes, não apenas a mim, mas a vários de nossos apresentadores e convidados. Um deles, o economista Eduardo Moreira, Lula conheceu pela TV 247 e depois ambos se tornaram grandes amigos. Curiosamente, a atriz Juliana Baroni, esposa de Edu, foi quem interpretou a ex-primeira-dama Marisa Letícia no filme "Lula, o filho do Brasil". Lula também passou a acompanhar as análises geopolíticas de Pepe Escobar pela TV 247. No bilhete que me enviou, nos instou para que sejamos persistentes. Se formos, disse Lula, o Brasil ainda terá uma televisão dedicada aos temas políticos e econômicos de alta qualidade.

Os pocket shows da resistência democrática com Gustavo Conde

No período em que esteve preso em Curitiba, Lula conseguiu autorização do Supremo Tribunal Federal para conceder algumas entrevistas, mas apenas depois do processo eleitoral. Antes da vitória de Jair Bolsonaro, ele foi silenciado porque até mesmo sua palavra era considerada perigosa pelos generais e pelo Poder Judiciário. Afinal, Lula poderia simplesmente dizer que seu candidato era Fernando Haddad, o que poderia impedir a ascensão do regime neofascista no Brasil.

A sua primeira entrevista na prisão foi concedida aos jornalistas Florestan Fernandes Júnior, no El País, e Mônica Bergamo, na Folha de S. Paulo. Depois disso, vários veículos de comunicação o entrevistaram, incluindo a TV 247. No nosso caso, enviamos a Curitiba os jornalistas Paulo Moreira Leite, Mauro Lopes e Pepe Escobar, dividindo a entrevista em três eixos principais: a análise política nacional, a experiência da prisão e avaliação do fator geopolítico no processo de lawfare a que ele, Lula, estava submetido. Com vasta experiência internacional e hoje correspondente do Asia Times, Pepe seria a pessoa ideal para abordar este aspecto de sua prisão e foi trazido da Tailândia para esta missão.

Logo depois da prisão, voltamos a entrevistar Lula. Desta vez, fomos eu, Tereza Cruvinel e o linguista Gustavo Conde, que é também um de nossos editores. Quem assistiu a entrevista até o fim, percebeu que, no encerramento, Conde puxou o violão e executou a belíssima canção Paciência, do compositor Lenine. "Mesmo quando tudo pede um pouco mais de calma, até quando o corpo pede um pouco mais de alma, eu sei, a vida é tão rara, a vida não para, não."

Conde emocionou o ex-presidente Lula, emocionou o nosso público e fez isso durante mais de um ano, quando pude realizar, ao seu lado, os "pocket shows da resistência democrática", homenagens que prestamos aos maiores compositores brasileiros, como Chico Buarque, Tom Jobim, Alceu Valença, Caetano Veloso, Gilberto Gil, Milton Nascimento, Lô Borges, Raul Seixas, Gonzaguinha, Beto Guedes, Belchior e tantos outros.

Na nossa avaliação, minha e do Conde, a música brasileira é o nosso maior patrimônio – maior até do que o próprio pré-sal. Já disse também, num dos programas, que um dos meus sonhos é que a música nacional seja ensinada em todas as escolas do Brasil, não para que as crianças aprendam a tocar instrumentos ou a cantar, porque nem todos têm esse dom ou essa vocação. Mas apenas para que tenham a exata noção da força que a música popular tem na formação de nossa identidade cultural, que vem sendo também destruída com os ataques que o neofascismo promove contra os artistas.

Antes do golpe de 2016, cheguei a desenvolver um projeto de uma enciclopédia digital da música brasileira, mas a ideia acabou sendo adiada. Hoje, muitos dizem que a prosperidade econômica gerada nos governos progressistas ajudou a produzir uma juventude alienada politicamente. Mas uma das hipóteses que eu considero é a de que o rebaixamento cultural dos últimos anos e o desconhecimento que muitos têm da nossa tradição musical também contribuiu para rebaixar a qualidade do nosso povo, que se tornou presa fácil diante das manipulações e do discurso de ódio. Uma juventude mais bem preparada, inclusive musicalmente, estará mais vacinada contra novas formas de tirania. Pode ser uma utopia, mas eu acredito nela.

Viveremos em bolhas digitais?

Uma das frases mais ditas por lideranças do campo progressista em 2018 foi: "precisamos falar para fora da bolha" ou, simplesmente, "temos que furar a bolha". De fato, as novas tecnologias, que nos permitem encontrar pessoas com afinidades políticas e ideológicas, e também bloquear aqueles que nos incomodam, favorecem a criação de bolhas digitais. Além disso, a militância política nas ruas foi substituída, em grande medida, pelo conforto da militância digital nas redes sociais. E muitos foram iludidos por seus próprios "likes", sem se dar conta de que, do outro lado, também estavam se formando bolhas gigantescas com visões de mundo antagônicas.

Some-se a isso o fato de que as empresas de tecnologia são capazes de determinar o alcance de quaisquer tipos de assunto. Basta, por exemplo, determinar que o tema "política" terá uma relevância menor nos mecanismos de busca. E mesmo dentro de cada tema é possível reduzir o alcance de determinado pensamento. Basta definir que veículos de comunicação e influenciadores mais inclinados à direita ou ao pensamento neoliberal têm mais autoridade de fala. Ou então promover um esforço para rotular a mídia independente como propagadora de "fake news" – como foi feito durante a eleição presidencial de 2018 – e considerar como fontes confiáveis apenas os veículos que se apresentam como "jornalismo profissional" e muitas vezes são apenas parte da imprensa corporativa, ou seja, vinculada ao grande capital.

Se isso não bastasse, as empresas de tecnologia são também vulneráveis a influências externas, ou seja, ao dinheiro privado. Se um determinado grupo de empresários se unir para promover buscas pagas por conteúdo com a palavra, digamos, "luladrão", muitos dos conteúdos que usarem esta expressão em seus títulos, descrições e "tags", que são marcações a respeito do que está sendo tratado, poderão aparecer nas plataformas digitais como "conteúdos em alta". E por estarem em alta serão mais consumidos, gerando um círculo vicioso de retroalimentação. Ou seja: por mais que as empresas de tecnologia digam que os algoritmos são robôs, não suscetíveis à influência humana, a mente humana é capaz de encontrar mecanismos para burlar suas regras e é bastante possível que isso tenha acontecido no Brasil durante o período de caça às bruxas contra o campo progressista e de intoxicação da sociedade com um discurso de ódio, que levou à ascensão de um governo neofascista e que hoje se ajoelha diante dos interesses geopolíticos de outra potência.

Fiz esta breve introdução para dizer que os desafios da comunicação política são gigantescos para aqueles que defendem a soberania nacional e um projeto econômico mais igualitário. O outro lado é mais rico, mais forte e mais poderoso. Ainda assim, como diriam os compositores Raul Seixas e Paulo Coelho, "não diga que a vitória está perdida, se é de batalhas que se vive a vida, tente outra vez".

No nosso caso, a criação de uma comunidade progressista em torno do site Brasil 247 e mais recentemente em torno da TV 247 permitiu a muitas pessoas reconstruir sua vida em sociedade. Muitos dos leitores e telespectadores que falam comigo dizem que estavam caindo em depressão e até enlouquecendo, ao perceber que tantas pessoas ao redor, incluindo parentes queridos, haviam deixado se contaminar pelo discurso de ódio que vem sendo semeado na sociedade brasileira há mais de uma década.

Foi exatamente por isso, para permitir uma reconexão das pessoas com outros que compartilham dos mesmos valores, que começamos a realizar encontros com nossos assinantes. Em 2018, fizemos dois em São Paulo, um na Casa do Saber e outro no Teatro Commune, um em Porto Alegre, na Federação dos Bancários, um em Brasília, no espaço da fundação Darcy Ribeiro, na Unb, um em Olinda, no Centro de Convenções de Pernambuco, dois em Curitiba, no sindicato dos Bancários e na Vigília Lula Livre, um em Niterói, na sala Nelson Pereira dos Santos, no museu do cinema, e finalmente um em Lisboa, na Acooperativa, localizada bem no centro da capital portuguesa, na Rua da Emenda. Em todos esses encontros, sentimos a força de uma comunidade ancorada no mesmo ideal: o sonho de reconstruir a democracia e ter um Brasil soberano de volta, livre do ódio.

Paralelamente, o Youtube permitiu que a TV 247 passasse a ter assinantes por meio do "clube dos canais" e conseguimos criar uma das maiores e mais engajadas comunidades desta plataforma.

Não porque sejamos especiais, mas sobretudo porque estamos do lado certo da história, que é o lado da verdade, do diálogo e da compreensão.

No Brasil de hoje, infelizmente, os meios de comunicação se tornaram prisioneiros de duas mentiras que ajudaram a construir: primeiro a da que Dilma "quebrou o Brasil" com suas "pedaladas fiscais" e, segundo, que Lula foi preso por corrupção – e não para ser afastado de uma disputa eleitoral que venceria com relativa facilidade. Como a imprensa comercial foi cúmplice deste processo de tomada do poder pelas elites, ela é incapaz de assumir um compromisso total com a verdade.

É por isso mesmo que acredito que estamos vencendo a chamada "disputa das narrativas". Não porque tenhamos uma lábia melhor ou sejamos melhores contadores de história. Mas apenas porque estamos, pacientemente, reiterando a verdade histórica. Como diz o ditado, "água mole em pedra dura, tanto bate até que fura". E não há ninguém, com honestidade intelectual no Brasil de hoje, que não reconheça que Dilma foi afastada sem crime de responsabilidade. Mais do que isso: depois dela, o Brasil passou a ser governado por alguns dos políticos mais corruptos do País. No caso do ex-presidente Lula, especialmente depois do escândalo da Vaza Jato, a partir das revelações do The Intercept, de Glenn Greenwald, já está mais do que claro que ele foi um preso político – o que deveria nos cobrir de vergonha.

Mas estávamos aqui a falar da nossa comunidade, ancorada no desejo de um bem comum, com pessoas que sonham com um Brasil livre e soberano. Além dos nossos encontros presenciais e dos apoiadores que chegaram pelo "clube dos canais", criamos também uma rede social fechada, restrita a membros e assinantes. Muitos nos questionaram se estávamos reforçando a lógica da vida em bolhas. Não exatamente. A ideia de uma rede fechada surgiu justamente para proteger a comunidade da invasão de "haters" e do discurso de ódio. É entre mentes bem-intencionadas, ainda que divergentes, que as pessoas participam de discussões, formam argumentos, tomam consciência e ganham força para depois para participar do embate político nos círculos ampliados da sociedade, ou seja, "fora da bolha". Na minha visão, a formação de grupos por afinidades, sejam elas político-ideológicas ou não, nos fortalece existencialmente – o que não exclui o contato com o outro e nem a empatia por quem pensa diferente.

A morte dos jornais impressos não é a morte do jornalismo

Há alguns anos, a Gazeta do Povo, maior jornal de Curitiba, encerrou sua versão impressa. Recentemente, a Gazeta de Vitória seguiu pelo mesmo caminho e anunciou uma transformação completa em seu modelo de negócios, com a migração dos conteúdos para a versão digital e a publicação de uma única edição em papel, aos sábados – ou seja, virando praticamente uma revista, e não mais um jornal.

No Brasil e no mundo, a cada dia surge a notícia de que algum jornal impresso fechou ou migrou completamente para as plataformas digitais. Por aqui, capitais de dois grandes estados, Paraná e Espírito Santo, já não têm mais um jornal de grande circulação diária em papel. O mesmo fenômeno ocorre em várias partes do mundo, em especial nos Estados Unidos, onde a migração tem sido ainda mais acelerada. Estudos de consultorias internacionais apontam que o prazo-limite para a extinção dos jornais em papel é por volta de 2030. Curiosamente, dois dos últimos países que deverão abandonar esse hábito de leitura estão na América do Sul. São a Argentina e o Uruguai.

Do ponto de vista econômico, a publicação de jornais em papel é absolutamente irracional no mundo de hoje. Basta pensar em toda a logística de produção e distribuição. Para começar, um jornal exige uma indústria gráfica e equipamentos pesados, como as rotativas. Além disso, diferentemente dos conteúdos digitais, ele precisa chegar fisicamente à casa dos assinantes ou aos pontos de venda, que são as bancas de jornal – que são cada vez mais pontos de venda de tudo e até mesmo, eventualmente, de jornais. Essa distribuição envolve caminhões e motoboys que circulam de madrugada para entregar as edições antes do sol raiar. Mas o mais grave não é isso. O produto, assim que é entregue, já chega velho às mãos dos leitores. Uma edição que circula às 6h teve que ser fechada por volta de 22h do dia anterior – no máximo, meia-noite. E se algo aconteceu depois disso, só na edição do dia seguinte.

Ainda faria algum sentido insistir num modelo de jornais impressos, se houvesse uma base gigantesca de leitores, disposta a consumir tais conteúdos. No entanto, praticamente todo o consumo de notícias hoje se dá por meio das plataformas digitais, seja nos computadores, nos tablets e nos smartphones. E na maioria dos sites de notícias, os aparelhos celulares, que são cada vez mais sofisticados, já respondem por cerca de 85% do consumo de informação. Se algo acontecer neste exato momento – por exemplo, um atentado terrorista como o das Torres Gêmeas – em instantes, estará publicado em detalhes em todos os sites do mundo. Não apenas a informação mais quente, factual, mas também a análise aprofundada dos acontecimentos, assim como os comentários dos leitores – que não interagem nas edições impressas.

Durante muito tempo, o discurso das empresas tradicionais de comunicação era o de que a internet não mataria a edição em papel. Dizia-se que os sites dariam a informação factual no calor dos acontecimentos e que o jornal do dia seguinte faria a publicação com profundidade. Balela. Os sites hoje noticiam, aprofundam e repercutem cada acontecimento, 24 horas por dia, sete dias por semana. São cada vez mais 24/7, assim como o Brasil 247, e esta é uma exigência para competir no mundo moderno.

Neste debate sobre "papel versus digital", é também preciso tocar na questão ambiental, uma preocupação cada vez maior das novas gerações. Para que jornais em papel sejam produzidos, milhares de árvores são cortadas. Para quê? Para nada. Muitas vezes, as edições em papel acabam sendo jogadas no lixo – especialmente os balanços de empresas, que, no Brasil, têm que ser publicados obrigatoriamente em jornais impressos, o que é uma forma de subsídio disfarçado. Em 2019, Jair Bolsonaro tentou acabar com esta exigência, mas pelos motivos errados. Disse que pretendia atingir a Globo, dona do Valor Econômico, em vez de promover mais eficiência econômica. Como resultado dessa trapalhada, o lobby dos jornais impressos se movimentou no Congresso Nacional e garantiu a continuidade do subsídio.

Todos os argumentos aqui apresentados, apenas os irrefutáveis, deixam claro que a publicação de jornais impressos é irracional, anti-econômica e, além de tudo, desastrosa do ponto de vista ambiental. Mas se é assim, por que então grandes empresas, como The New York Times, The Washington Post, Globo, Folha de S. Paulo, Zero Hora e Estado de S. Paulo ainda insistem nesse modelo de negócios? Tudo pode ser resumido a uma única palavra: influência. No momento em que os monopólios locais da informação – em várias grandes cidades do mundo não há mais do que um jornal impresso – deixarem de circular em papel, a percepção externa de sua influência diminuirá drasticamente. Eles serão vistos pela sociedade como mais um site de notícias, num ecossistema informativo já extremamente pulverizado e competitivo. Sem influência, já não serão mais o "Cidadão Kane" local, ou seja, o magnata das comunicações com poder de mando em determinada localidade.

Os jornais impressos só seriam viáveis por mais tempo se os anunciantes, que são os grandes financiadores da atividade jornalística, estivessem dispostos a pagar um preço alto por esta influência... #SQN. O problema é exatamente este: só que não. Nos Estados Unidos, a publicidade nos veículos impressos está praticamente desaparecendo e a compra de mídia no digital já supera inclusive a da televisão. Aos poucos, a mesma tendência começa a se reproduzir em todos os grandes mercados publicitários do mundo, incluindo o Brasil.

Um dos principais motivos é a eficiência da publicidade digital, quando comparada à dos meios impressos. Além de ser mais barata, ela entrega muito mais informações para os anunciantes. Aquele que investe em propaganda digital consegue saber efetivamente quantas pessoas visualizaram determinado anúncio, quem se interessou, qual é o perfil deste público, quem clicou e também quem chegou a efetuar uma transação econômica. Nada disto é entregue pela publicidade em papel e nem mesmo na publicidade veiculada na televisão, seja ela a TV aberta ou por assinatura. Por isso mesmo, os orçamentos dos anunciantes concentram-se cada vez mais em mídia digital.

A morte de alguns veículos que produzem jornalismo, no entanto, não significa a morte do jornalismo. Paradoxalmente, vivemos no tempo em que mais jornais estão morrendo e mais pessoas estão consumindo informação jornalística. Como isso é possível? O fenômeno ocorre justamente porque as notícias estão vindo dos sites de notícia, dos portais, dos blogs e mesmo das redes sociais, onde muitos influenciadores postam diretamente seus conteúdos. Uma "thread" no Twitter, por exemplo, pode ter muito mais repercussão do que um artigo publicado na página 3 da Folha de S. Paulo. Um post no Facebook muitas vezes alcança mais leitores do que um artigo no Globo. E comentários no Youtube também podem ter bem mais repercussão do que vídeos na televisão aberta.

Por sinal, no último domingo de 2019, a ombudsman da Folha de S. Paulo publicou uma coluna revelando que o jornal perdeu nada menos que 80% de seus assinantes, desde 2000, o que me levou a publicar uma "thread" no twitter sobre o tema. "A morte do jornal impresso é inexorável. Neste domingo, a ombudsman da Folha, Flávia Lima, revela que o jornal perdeu 80% de seus assinantes em papel desde 2000, quando a internet começou a se tornar mais popular. Nada menos que 350 mil pessoas deram adeus. A Folha tem hoje 235 mil assinantes digitais e 86 mil em papel, mas a curva de declínio do impresso continua acelerada. Neste ano, a base de assinantes impressos encolheu mais 13,3%. Embora o digital tenha crescido, isso não resolve os problemas de um jornal impresso, uma vez que a assinatura da edição em papel é quatro vezes mais cara. A decisão racional para os jornais seria encerrar as atividades em papel e fechar seus parques gráficos. Os jornais, no entanto, não tomam esta decisão porque isso reduziria dramaticamente sua percepção de influência e eles não seriam mais vistos como "o Cidadão Kane do pedaço". Passariam a ser apenas um site a mais. Grande, claro, mas não mais um quase monopólio. A ombudsman também conta que o jornal ganhou assinantes nos momentos em que foi mais atacado por Jair Bolsonaro, ou seja, a Folha usa estes atritos para tentar seduzir e atrair mais leitores, vendendo-se como um instrumento 'em defesa da democracia'. Mas o editorial do jornal deste mesmo domingo pede a continuidade e até mesmo o aprofundamento do choque neoliberal de Paulo Guedes, o que também deixa claro porque a Folha apoiou o golpe de 2016. A mídia corporativa, na realidade, está numa grande sinuca de bico", comentei, no Brasil 247.

Esta é a nova realidade do mundo da comunicação. Tudo muito diferente do que quando eu entrei na faculdade de jornalismo, na Universidade de Brasília, trinta anos atrás. Naquele tempo, todos os jornais tinham grandes sucursais na minha cidade – não apenas os nacionais, mas também alguns regionais. Era impossível para um jornalista imaginar uma carreira solo ou mesmo sonhar em vir a ser proprietário de uma empresa de comunicação. O que havia era a possibilidade de ser um bom "jornalista de cativeiro" na empresa de alguma família midiática, como os Frias, os Marinho ou os Mesquita. E isso sempre resultava em prejuízo, maior ou menor, da liberdade de expressão.

Hoje, o ambiente é bem mais aberto, mas não menos desafiador. Os antigos magnatas das comunicações sabem que seus velhos monopólios estão com os dias contados. Quando um bilionário russo, que havia comprado um jornal inglês, foi questionado se pretendia vendê-lo, deu uma resposta mordaz: 'mas existe alguém disposto a comprar um jornal nos dias de hoje?'

Aos jornalistas, o que resta fazer é desbravar os caminhos que se abrem, mas não apenas de forma individualista nesse ambiente caótico em que vivemos. É fundamental resgatar movimentos coletivos em defesa da comunicação pública, como já houve no passado. Toda sociedade tem o direito de ser informada e, por isso mesmo, agências de comunicação públicas, mas não governamentais ou governistas, são um imperativo democrático. É também necessário defender que existam mecanismos de vigilância contra "fake news" – mas não aqueles controlados pelo grande capital com suas "agências de checagem". E é preciso estar atento para os falsos democratas que defendem uma pretensa liberdade total na internet. Na maioria das vezes, são tiranos que se beneficiam das máquinas de notícias falsas, intimidação, assassinatos de reputação e discursos de ódio. Para que o jornalismo sobreviva, será necessário também civilizar a internet e as redes sociais.

A televisão aberta e o rádio também vão desaparecer?

Todos que atuam no campo da comunicação, inclusive os donos de jornais impressos, já sabem que os veículos em papel estão morrendo. Só não sabem ainda quando será a data do enterro. Mas será que este pensamento também se aplica à televisão aberta ou mesmo a cabo, por assinatura? A meu ver, a resposta é sim. Cada vez mais, ela será substituída pelos conteúdos digitais, por demanda, das plataformas de streaming, como Youtube, Amazon, Netflix e HBO. Vale também para o rádio? Sim, porque hoje, nos carros mais modernos, os jovens trocam as estações AM e FM por serviços como Spotify, Soundcloud e também por seus podcasts preferidos.

A lógica dessa mudança é simples. O consumidor de informação e de entretenimento audiovisual quer estar no comando – e não mais no banco do passageiro. Na televisão brasileira, a empresa mais bem-sucedida, a Globo, estruturou seu modelo de negócios a partir do conceito de grade: a novela das seis, a novela das sete, o Jornal Nacional, a novela das oito, o Jornal das Dez… e assim por diante. Mas quem, no mundo de hoje, realmente quer seguir uma escala de consumo de lazer ou de informação (ok, nem sempre é informação o que o Jornal Nacional transmite) determinada por uma empresa?

No mundo do streaming, o consumidor é quem está no comando. Se gosta de uma determinada série, assiste a todas as temporadas numa "maratona". Se quer assistir a um filme, existem milhares de ofertas. Ah, mas nem todos têm dinheiro para comprar uma televisão inteligente em países como o Brasil. Sim, isso é verdade. Mas mesmo aparelhos antigos podem ser adaptados com conversores muito baratos, como o Chromecast, por exemplo. Além disso, para os jovens, ter ou não uma televisão em casa, já não faz mais diferença alguma. Eles consomem conteúdos audiovisuais nos seus celulares, ou mesmo nos seus computadores.

Vamos imaginar, então, que a lógica do streaming se aplique ao mundo do entretenimento, mas não do jornalismo. Será mesmo? Por que as pessoas devem ser obrigadas a esperar determinado horário para receber um telejornal? Por que não receber a informação, em vídeo, aqui e agora? Hoje, o segundo maior mecanismo de busca do mundo já é o Youtube. O maior é o Google. Portanto, quando algo relevante acontece, o público busca informação escrita no mecanismo de busca do Google e também conteúdo audiovisual no Youtube, plataforma que se volta cada vez mais para o jornalismo – inclusive com abas de "últimas notícias".

Tudo bem, a televisão tradicional vai perder o entretenimento e o jornalismo para o mundo do streaming. Mas e os torneios esportivos, que têm data e hora para acontecer? Até nesses mercados já está acontecendo a migração. Na Inglaterra, a Amazon adquiriu nesta temporada 2019-2020 os direitos de transmissão da Premier League, a liga do futebol inglês, hoje uma das melhores do mundo. No Brasil, o Esporte Interativo também adquiriu os direitos de transmissão da Champions League. Para quem gosta de tênis, os jogos de todos os torneios da ATP, a Associação dos Tenistas Profissionais, já podem ser assistidos por meio de um aplicativo da própria ATP, ou seja, fora da televisão por assinatura. E no nosso futebol muitos clubes também poderão se livrar dos monopólios negociando diretamente a transmissão de suas partidas para os seus próprios torcedores, num futuro próximo.

Registre-se que o maior escândalo da história da Globo esteve relacionado justamente à compra dos direitos de transmissão de torneios como a Libertadores e também das Copas do Mundo. Como nunca houve muita transparência neste meio, o futebol se tornou terreno fértil para a corrupção. No escândalo da Fifa, caíram não apenas o todo-poderoso Joseph Blatter e Michel Platini, craque francês que foi um dos ídolos da minha infância, como também dirigentes brasileiros. Marco Polo del Nero, ex-presidente da CBF, foi banido eternamente do futebol. José Maria Marín, também ex-presidente da entidade, foi preso nos Estados Unidos. Por trás de tudo isso, grandes esquemas de compra e venda de direitos de transmissão de jogos.

A velocidade das mudanças é gigantesca e o curso da história não pode mais ser alterado. Quando vierem as conexões de altíssima velocidade, como o 5G, que permite downloads de filmes em poucos segundos, todo o consumo de conteúdos audiovisuais – seja ele de rádio ou de televisão – irá migrar para as plataformas de streaming. E o poder estará nas mãos dos "criadores de conteúdo", não mais dos superexecutivos, como os "Bonis" do passado, que determinavam quem teria ou não espaço na televisão brasileira. Será que criadores como Felipe Neto ou o grupo Porta dos Fundos teriam mesmo feito tanto sucesso se dependessem do filtro e do aval de determinados grupos de comunicação? Será que rappers que hoje têm milhões de seguidores e visualizações em seus clipes fariam o mesmo sucesso se dependessem dos programas de auditório para ser conhecidos?

O mundo mudou. Nos Estados Unidos, já se fala até num movimento conhecido como "de-cable". As pessoas estão desligando suas conexões por cabo porque já não assistem mais televisão por assinatura. Consomem tudo por streaming. É este o meu caso. Já não assisto televisão aberta desde 2016, ou seja, há quatro anos. A TV por assinatura eu abandonei mais recentemente. Nenhuma das duas nunca me fez nenhuma falta e eu me considero um sujeito relativamente bem-informado. Imagino que isso que aconteceu comigo poderá acontecer com qualquer cidadão e que as concessões de rádio e televisão, que foram doadas por políticos a empresários amigos no passado, poderão se transformar, dentro de algum tempo, em moeda podre. Quem viver, verá!

Duas verdades históricas: o golpe contra Dilma e a prisão política de Lula

No fim de 2019, um novo capítulo da "Vaza Jato", escândalo revelado pelo The Intercept, do jornalista Glenn Greenwald, trouxe uma revelação bombástica, mas nem tão surpreendente para quem acompanha os bastidores da política brasileira: o então deputado Eduardo Cunha, que liderou o processo de impeachment da ex-presidente Dilma Rousseff, conseguiu montar uma bancada particular de 120 deputados, a partir dos recursos que arrecadava de empreiteiras, como a Odebrecht, de empresas de ônibus e de grandes bancos. Cunha bancava as campanhas desses parlamentares, sendo uma espécie de banqueiro informal do caixa dois da política no Brasil. O ex-deputado quis delatar esse esquema, mas a proposta não foi aceita, provavelmente porque sua delação envolveria Michel Temer, o presidente golpista que usurpou o poder, o deputado Rodrigo Maia, que assumiu a presidência da Câmara dos Deputados e liderou a implantação de uma agenda neoliberal no Brasil, e também deixaria expostas as vísceras do golpe de estado de 2016.

Com tamanha influência, num Congresso onde há 513 deputados, e ele tinha portanto 23,4% do parlamento em suas mãos, Cunha se tornou o político mais poderoso do Brasil. De um lado, tinha força para chantagear o governo da presidente Dilma Rousseff, exigindo posições estratégicas em empresas estatais como Petrobrás, Furnas e Caixa Econômica Federal. De outro, tinha capacidade para oferecer vantagens a grandes grupos econômicos ou mesmo para extorquir empresários. Com sua audácia, ele diz ter arrecadado mais de R$ 270 milhões, por caixa dois, para financiar sua bancada de 120 deputados. Não por acaso, ele se tornou presidente da Câmara dos Deputados em 2015, primeiro ano do segundo mandato de Dilma.

Com a chegada de Cunha à presidência da Câmara, e seu correligionário Michel Temer como vice, Dilma se tornou presa fácil para os golpistas que começaram a tramar contra a democracia brasileira logo depois da derrota de Aécio Neves na disputa presidencial de 2014. Um dia depois do segundo turno, colunistas da imprensa corporativa, como Merval Pereira, do jornal O Globo, já discutiam a possibilidade de impeachment, ainda que não houvesse crime de responsabilidade. Para que ele efetivamente acontecesse, o papel do PSDB, tradicional partido das elites, foi decisivo. De um lado, Aécio Neves não aceitava a derrota e prometia incendiar o País. Nos bastidores, o senador paulista José Serra articulava com as petroleiras internacionais a mudança no marco regulatório do pré-sal, que representou a maior descoberta de óleo e gás no mundo nos últimos 50 anos e atiçava a cobiça internacional. Outro senador paulista, Aloysio

Nunes, viajava aos Estados Unidos em busca de apoio do Departamento de Estado. E o ex-presidente Fernando Henrique Cardoso incentivava a deposição de Dilma, nos artigos mensais que publicava nos jornais O Globo, Estado de S. Paulo e El País.

Num primeiro momento, os caciques do PSDB tentaram articular a derrubada da chapa Dilma-Temer, abrindo espaço para que os tucanos tomassem integralmente o poder, com Aécio. No entanto, a faca e o queijo estavam na mão do MDB. Mais precisamente, com Eduardo Cunha, que tinha o poder de aceitar ou não um pedido de impeachment. Faltava tão somente o crime. Mas nada que não pudesse ser resolvido por um parecer de R$ 45 mil – curiosamente o mesmo 45 que é usado como o número oficial do PSDB – contratado junto à advogada Janaína Paschoal, que depois veio a se tornar deputada estadual, nas hostes bolsonaristas. Foi a partir deste parecer que se desenvolveu a tese das "pedaladas fiscais", uma acusação ridícula usada como pretexto para justificar, do ponto de vista das formalidades democráticas, uma decisão que já havia sido previamente tomada pelas elites. Era preciso afastar Dilma e implementar a "ponte para o futuro", um programa neoliberal que previa cortes de direitos trabalhistas e previdenciários, bem como a abertura do pré-sal para a exploração privada, sem exigências de conteúdo nacional na indústria naval e na construção de sondas e plataformas.

Dito e feito. Dilma foi afastada e a "ponte para o futuro", que prometia instantaneamente resgatar a "confiança empresarial", foi executada. Quatro anos depois, a tal confiança ainda não voltou e o desemprego ainda é duas vezes maior do que no fim de 2014, quando teve início a conspiração golpista. Depois de ter usurpado a presidência, Michel Temer, num acesso de "sincericídio" confessou que Dilma teria permanecido na presidência se tivesse aceitado implantar a tal "ponte para o futuro". Ou seja: como ela preferiu não se render à agenda neoliberal, foi afastada.

Os tucanos não chegaram diretamente ao poder, mas passaram a exercer forte influência sobre a administração federal. Aécio Neves conseguiu indicar o presidente da Vale, companhia que já foi motivo de orgulho nacional, antes de se notabilizar pelo desastre de Brumadinho, a maior catástrofe ambiental da história do Brasil, que deixou centenas de mortos e desaparecidos. O PSDB também indicou o executivo Pedro Parente para a presidência da Petrobrás, onde uma nova política de preços foi implantada para privilegiar os interesses dos acionistas privados – e não da sociedade. Uma das consequências mais dramáticas foi a greve dos caminhoneiros, em maio de 2018, que afundou a economia brasileira. Também como consequência do golpe de estado de 2016, a pobreza, que vinha sendo erradicada, voltou a crescer no Brasil e os índices de desigualdade, medidos pelo coeficiente de Gini, cresceram dramaticamente.

Tudo isso aconteceu em nome de um pretenso "combate à corrupção", mas serviu apenas para evidenciar a hipocrisia das elites no Brasil. Michel Temer, em pleno exercício do cargo, foi flagrado em conversas nada republicanas com o empresário Joesley Batista, interpretadas como uma tentativa de compra do silêncio de Eduardo Cunha, que, depois do golpe, acabou sendo preso, mas foi mantido em silêncio. Aécio Neves surgiu nas mesmas conversas negociando propinas que foram entregues a um de seus primos. Numa das gravações, ele dizia que a mala deveria ser entregue a "alguém que a gente possa matar para não delatar". Temer chegou a ser preso por alguns dias, mas foi rapidamente solto. Nada jamais aconteceu com Aécio ou outros políticos do PSDB, como José Serra e Aloysio Nunes, que apareceram em escândalos que envolviam inclusive contas milionárias na Suíça. E até mesmo o ex-presidente Fernando Henrique Cardoso teve mensagens eletrônicas divulgadas, em que pedia dinheiro ao empreiteiro Marcelo Odebrecht. Os tucanos permaneceram intocáveis por um motivo simples: eles eram a âncora política da "ponte para o futuro" e do projeto de um Brasil subalterno aos interesses de outra potência. No entanto, eles imaginavam que este programa econômico seria também a ponte para a eleição de um candidato do PSDB em 2018, mas acabou sendo a ponte para o neofascismo, encarnado por Jair Bolsonaro. O ex-governador paulista Geraldo Alckmin, candidato do PSDB em 2018, teve apenas 4,78% dos votos – o pior resultado para os tucanos desde 1994, quando chegaram à presidência com FHC.

Faço este retrospecto para reiterar mais uma vez que Dilma foi vítima de um golpe de estado em 2016. Um "golpe suave", sem tanques nas ruas, mas, ainda assim, um golpe, com apoio das Forças Armadas, do Judiciário, das oligarquias políticas, da imprensa comercial e da classe média manipulada pelas elites. Esta é a verdade histórica, referendada pelos maiores juristas e intelectuais do País. Quem diz o contrário ou não tem honestidade intelectual ou simplesmente desconhece o que se passou no Brasil depois da eleição presidencial de 2014.

O golpe, no entanto, não se encerrou com o afastamento definitivo de Dilma, em 31 de agosto de 2016. Para que ele se consolidasse seria necessário vencer a eleição presidencial de 2018 – nem que fosse preciso ganhar no "tapetão". E assim foi feito. Lula foi condenado a jato pelo ex-juiz Sergio Moro, mais a jato ainda pelos juízes do Tribunal Regional Federal da quarta Região, e também inabilitado a jato pelo Tribunal Superior Eleitoral, depois de um voto vergonhoso do ministro Luís Roberto Barroso. Tudo porque o ex-presidente tinha um defeito. Não os "nove dedos", alvo de tanto preconceito por parte das elites no Brasil. Seu defeito era sua força eleitoral revelada pelas pesquisas. Mesmo perseguido e preso, Lula venceria as eleições presidenciais de 2018 e poderia interromper a restauração neoliberal no Brasil. Por isso mesmo foi preso, silenciado, impedido de conceder entrevistas antes da disputa e teve seus direitos políticos cassados. Perdeu o direito de ser votado e até mesmo de votar em seu candidato Fernando Haddad, naquela que foi uma das maiores violências jurídicas já cometidas no mundo – e justamente contra aquele que ainda é reconhecido pela maioria da população como o melhor presidente de nossa história.

Em 2016, no golpe contra Dilma, a democracia brasileira foi estuprada. Em 2018, com o impedimento de Lula, contrariando inclusive decisão do Comitê de Direitos Humanos das Nações Unidas, ela foi espancada e enviada para a UTI. Curioso é ver setores da sociedade e da imprensa corporativa, que apoiaram esses dois golpes contra a soberania popular, dizerem agora que Jair Bolsonaro ameaça a democracia. Ora, ele é o resultado das decisões que vêm sendo tomadas há vários anos pela elite brasileira para solapar o processo democrático. De certa forma, Bolsonaro é até menos culpado do que aqueles que prepararam o terreno para a sua ascensão.

De Dilma e de Lula, muitos setores da imprensa corporativa cobram sempre uma certa "autocrítica", processo que tem sido feito de forma permanente pelo campo progressista. Pode-se discutir, por exemplo, se foi um erro insistir na política de alianças, se o Partido dos Trabalhadores errou ao abandonar a ideia de uma reforma política ou se também se lambuzou na máquina do financiamento empresarial de campanhas políticas. Pode-se também debater se Lula se permitiu ter uma relação próxima demais com empresários inescrupulosos, que depois acabaram se tornando seus delatores. Ou até se o Brasil não se iludiu com uma política externa excessivamente soberanista sem ter, como diria Lula, "café no bule", ou seja, sem possuir um arsenal nuclear para se defender um ataque imperialista nessa sua nova modalidade, que é a guerra híbrida.

O que não pode se discutir são duas verdades históricas que têm sido defendidas pelo Brasil 247 e pela TV 247 desde o início desta guerra contra o País: Dilma sofreu um golpe de estado em 2016 e Lula foi um preso político nos 580 dias em que esteve encarcerado na "Guantánamo de Curitiba". É isso que estará nos livros de história daqui a cinquenta, cem ou duzentos anos. Se não estiver, os livros de história estarão errados. Serão apenas peças de propaganda política escritas pelos vencedores, num Brasil que ainda não terá se libertado do atual processo de recolonização, ou na melhor das hipóteses, de reconversão do País em quintal alheio.

Dois sonhos possíveis: um mundo multipolar e sem monopólios na comunicação

Certa vez, num dos programas da TV 247, cheguei a dizer que tenho dois sonhos: o de viver num mundo sem Impérios e sem monopólios na comunicação. Se viverei para vê-los realizados, não sei, mas acredito firmemente que este é o destino inexorável do Brasil e da humanidade. Tenha a convicção de que tudo que se passa no País desde 2013 faz parte de uma reação imperial à sua própria decadência. As "jornadas de junho" nada mais foram do que a versão verde-amarela da "primavera árabe", ou seja, uma nova modalidade de operação psicológica usada numa guerra híbrida para promover um golpe suave no Brasil. Um dos objetivos deste câmbio de regime foi justamente enquadrar o país novamente como quintal dos Estados Unidos.

Meu dileto amigo Celso Amorim, que é também nosso conselheiro e já foi apontado como o melhor chanceler do mundo pela revista Foreign Policy, costuma dizer que todas as trombetas soaram em Washington em setembro de 2010, quando a revista britânica The Economist, bíblia neoliberal, publicou uma capa com o título "Nobody's backyard", sobre as relações entre

Estados Unidos e América Latina. Sob a liderança incontestável de Lula, a América do Sul havia deixado de fazer parte do quintal. Por isso mesmo, Lula passou a ser o "cara" – mas o "cara a ser abatido", como já disse num capítulo anterior. E é também por isso que Steve Bannon, o atual guru intelectual do neofascismo, classifica o ex-presidente brasileiro como o "grande herói dos globalistas".

Em 2019, tive a oportunidade de participar de uma cúpula paralela à reunião dos BRICS, em São Paulo, que teve como tema a integração dos meios de comunicação dos cinco países do bloco – Brasil, Rússia, Índia, China e África do Sul – e pude falar sobre o tal "globalismo". O que é ser globalista se não ser defensor do multilateralismo, ou seja, de uma ordem internacional em que todos os países tenham voz e sejam respeitados? Ser contra o globalismo, como são, por exemplo, Steve Bannon e os representantes do governo-fantoche que foi colocado no poder no Brasil depois da eleição de 2018, é ser a favor do imperialismo. Mas, evidentemente, não se trata de um imperialismo verde-amarelo. Trata-se do imperialismo alheio, de Donald Trump, que despreza todos aqueles que praticam como esporte principal a genuflexão.

Se os inimigos estão no poder, como diria Cazuza, será que vão durar para sempre? Aposto que não. Nesses momentos, é preciso ter paciência histórica para acreditar que os Trump, os Bannon e os Bolsonaro passarão. Foi assim, no passado, com outras formas de tirania – talvez nem tão sofisticadas quanto a atual – que aterrorizaram a humanidade, mas depois foram superadas. Num de nossos programas, o historiador Valter Pomar ilustrou esses momentos de grande aflição coletiva com a imagem de alguém que tenha nascido na Europa em 1900. Este indivíduo viu passar a Revolução Russa, a Primeira Guerra Mundial, a Guerra Civil Espanhola, a Segunda Guerra Mundial, inclusive o período em que os nazistas pareciam imbatíveis, e finalmente a derrocada dos alemães. Tudo passa, tudo sempre passará.

O mesmo pode ser dito dos monopólios da comunicação. A Globo, por exemplo, apoiou o golpe militar de 1964 e só pediu desculpas quase cinquenta anos depois, no dia 31 de agosto de 2013, quando já preparava o golpe de 2016. Mas aposto que o Brasil não viverá um terceiro golpe apoiado pela Globo. Paradoxalmente, a emissora da família Marinho se tornou um dos principais alvos do regime de corte neofascista que ajudou a colocar no poder. E se isso não bastasse, seu modelo tradicional de negócios é totalmente incompatível com a nova era das comunicações, em que o leitor/telespectador quer estar no comando e assistir o que quiser, na hora que quiser. Assim como os velhos monopólios do passado, a Globo também será superada, no processo de "destruição criativa" do capitalismo, tão bem descrito pelo economista Joseph Schumpeter. Há quem diga até que o próprio capitalismo estaria nos seus estertores e prestes a também ser superado, para dar lugar a novas formas de organização coletiva, num mundo que pode estar perto de esgotar seus recursos naturais e precisa, desesperadamente, encontrar novas formas de convivência com a chamada mãe-natureza.

No que diz respeito à geopolítica, em vários programas que fiz com o jornalista Pepe Escobar, tratamos da ascensão da Eurásia e do deslocamento do eixo dinâmico do capitalismo do Ocidente para a Ásia. O Brasil é peça importante neste jogo por, ao mesmo tempo, estar nas Américas, sob a sombra do Império, mas também ser integrante dos BRICs e ter a China como seu maior parceiro comercial. Por isso mesmo, foi alvo de uma guerra tão intensa nos últimos quatro anos. Já no que diz respeito à comunicação, temos hoje bem mais democracia do que já tivemos. Se isso não fosse verdade, não teríamos o Brasil 247 nem a TV 247 – e eu não estaria aqui para contar essa história.

É preciso ser otimista e acreditar que tudo progride e se desenvolve, mesmo quando os dias parecem assustadores. Como diria John Lennon, é preciso sonhar e imaginar um mundo sem muros, sem razões para matar ou morrer, sem fome, sem ganância, sem posses e com todas as pessoas vivendo em paz. "You may say I'm a dreamer, but I'm not the only one". Paz e bem!

Posfácio

por Aloizio Mercadante

A partir de um texto leve e convidativo e uma narrativa autobiográfica, Leonardo Attuch, em "De jornalista a youtuber - como cruzei a ponte", apresenta desafios concretos para a democracia brasileira, no contexto das novas tecnologias, do jornalismo digital e da construção da pós-verdade. Ao intercalar sua trajetória de vida, com a história política recente do Brasil, Attuch faz reflexões sobre os rumos do jornalismo na era digital e conta os bastidores da criação do Brasil 247 e da TV 247, canais de comunicação fundamentais para a pluralidade de pensamentos e de opiniões na imprensa nacional.

O Brasil 247 e a TV 247 chegaram para ficar e, junto com demais veículos da mídia independente, são cada vez mais imprescindíveis para a nossa democracia. São esses veículos que têm conseguido oxigenar, ainda que de forma limitada, o discurso hegemônico da mídia tradicional, extremamente concentrada no Brasil. O 247 resiste heroicamente aos que defendem abertamente o retorno de uma nova onda neoliberal e de ortodoxia fiscal, que já fracassou em toda América Latina na década de 90, e que chocou o ovo da serpente que resultou na eleição de um governo de ultradireita e obscurantista como o de Bolsonaro, a partir da difusão do discurso do ódio contra o Partido dos Trabalhadores e suas principais lideranças, especialmente o ex-presidente Lula.

No Brasil, as mídias independentes surgem como um alento na internet. Leonardo Attuch foi um dos precursores desse processo, ao saber combinar seu empreendedorismo inovador com um compromisso político ousado com o campo popular e democrático. Não foi e continua não sendo nada fácil trilhar este caminho da resistência política contra os poderosos interesses que se articulam com a financeirização da economia e a retirada de direitos da maioria da população.

O idealismo de praticar o bom jornalismo, mantendo o princípio editorial de total independência, não só com os partidos políticos, inclusive da esquerda, mas principalmente com o poder econômico e com os interesses dominantes, fez com que o 247 tenha tido um crescimento extraordinário na sua audiência. O 247 atua, diariamente e em tempo real, como um contraponto ao uso das novas tecnologias para fins de manipulação e influência política, como, por exemplo, no caso de uso de robôs e de perfis falsos para a disseminação em massa de fake news, a partir do acesso ilegal de dados sigilosos de usuários, com o objeto de cooptar eleitores, moldar comportamentos e interferir de maneira ilegal nas democracias e em campanhas eleitorais por todo o mundo.

Já é pública a fraude envolvendo o Facebook e a Cambridge Analytica com a coleta ilegal de informações pessoais de 87 milhões de usuários em todo o mundo para influenciar a opinião de eleitores. O uso dessa estratégia, que corrói o processo democrático de forma decisiva, foi denunciado pelo jornal The Guardian na campanha Trump, em 2016. Além disso, a Cambridge Analytica atuou no plebiscito sobre a permanência ou não do Reino Unido na União Europeia, só para mencionar alguns casos.

Na campanha presidencial de 2018, aqui no Brasil, empresas apoiaram a campanha de Bolsonaro com poderoso financiamento, oculto e ilegal, e compraram pacotes de disparos em massa de mensagens falsas contra o PT no WhatsApp. Denúncia do jornal Folha de São Paulo apontou que cada contrato chegou a custar R$ 12 milhões e envolveu o disparo de centenas de milhões de mensagens, em uma clara violação ao processo eleitoral.

O Brasil 247 e a TV 247 não formam apenas um contraponto a essa estratégia nefasta de corromper a democracia por meio da violação de dados e da difusão de fake news. Seguramente, também são instrumentos que contribuíram decisivamente para organizar a resistência popular e democrática e o rompimento com o discurso hegemônico da mídia tradicional. Essa característica libertária do Brasil 247 e da TV 247 é cristalina no livro, quando Attuch reitera seu compromisso em continuar denunciando que houve um golpe contra a presidenta Dilma em 2016 e de que o presidente Lula foi um preso político, inabilitado judicialmente para não disputar a eleição que venceria, após um amplo processo de lawfare jurídico, associado a uma poderosa campanha da mídia tradicional.

Aliás, o discurso da mídia tradicional é parte fundamental do tripé, justiça partidarizada-parlamento conservador-mídia tradicional, que deu sustentação ao golpe que afastou a presidenta Dilma, eleita democraticamente, sem que ela tenha cometido crime de responsabilidade. Um processo golpista que agravou a crise econômica e social, impôs uma profunda mudança geopolítica na inserção internacional do Brasil, além da agenda neoliberal e da política de ortodoxia fiscal permanente, que geram um quadro de agravamento acelerado da desigualdade social e a precarização do mundo do trabalho. Esse processo de financeirização da economia, com ganhos especulativos crescentes acompanhados pelo ajuste neoliberal e o arrocho fiscal, promoveram uma situação social insustentável, como está ocorrendo, neste momento, no Chile, na Colômbia, no Equador, na Argentina e em outros países latino-americanos.

Diziam, na época, que bastaria o afastamento da presidenta Dilma para o retorno da "confiança" e dos investidores; depois seria com a ortodoxia fiscal, com um teto declinante no gasto público por 20 anos; ou na retirada dos direitos trabalhistas que daria um choque de confiança. Mais recentemente, houve a mesma promessa com a Reforma Previdenciária, centrada na capitalização, que foi parcialmente derrotada pela intensa oposição popular e parlamentar.

A fadinha da *confiança* não apareceu e o crescimento acelerado também não. O que tivemos foi o prolongamento da recessão, amenizado com a liberação de parte da poupança dos trabalhadores, como o PIS e o FGTS, associado aos recursos das privatizações como o leilão da cessão onerosa do pré-sal, acompanhados de um crescimento dramático da desigualdade social, precarização do mercado de trabalho e o retorno da pobreza absoluta.

O discurso hegemônico da mídia tradicional também tenta construir a tese mentirosa de que os governos do PT foram populistas e atuaram com irresponsabilidade fiscal, quebrando o país. Entretanto, para quem tem compromisso com um debate qualificado, como tem feito o 247, é forçoso reconhecer que o Brasil viveu alguns dos melhores anos de seu desenvolvimento, de 2003 a 2014.

O PT, que pegou o país literalmente quebrado em 2003, com uma dramática crise cambial, com severas restrições impostas pelo acordo do FMI, conseguiu reverter o quadro de baixo crescimento, vulnerabilidade externa da economia, fragilidade das finanças públicas, informalidade e desemprego massivo no mundo do trabalho e desigualdade social elevada. Os governos do PT têm um legado para defender. Nosso governo foi o período histórico em que tivemos, de forma combinada: plena democracia, estabilidade, crescimento econômico, sustentabilidade ambiental, inclusão social e distribuição de renda e um imenso protagonismo e respeito internacional, algo inédito na história do país.

O 247 abriu espaço para esse debate, sempre assegurando o direito à crítica, apontando os limites e equívocos cometidos, mas promovendo um debate qualificado e aprofundado. Por outro lado, o 247 tem sido um dos principais canais de denúncia do autoritarismo, do obscurantismo, dos retrocessos e da tragédia social, patrocinados pelo governo de extrema direita de Bolsonaro. O 247 e a incrível comunidade que o compõem têm conclamado as forças populares e democráticas a superar esse momento. Hoje, metade da população vive com menos que o equivalente a U$100,00 por mês, 13,5 milhões com até U$ 2,00 por dia e 3,5 milhões de brasileiros tentam sobreviver com menos que U$ 0,50 por dia.

O 247 foi estratégico na denúncia da tragédia imposta pela equipe de Bolsonaro à educação pública e sua criminosa política de devastação da Amazônia e dos recursos naturais estratégicos. O 247 sempre apoiou as grandes mobilizações estudantis e populares de resistência, mantendo sua firmeza contra as agressões obscurantistas aos valores civilizatórios e aos direitos humanos patrocinados por Bolsonaro e sua equipe.

Paralelamente, o governo de ultradireita de Bolsonaro promove um desmonte de políticas públicas indispensáveis para reverter esse dramático cenário social e representa uma ameaça a nossa soberania, com entrega de nossas riquezas, de empresas públicas estratégicas, como a venda da Embraer para a Boeing e a privatização de empresas relevantes do complexo Petrobrás, para destacar as mais relevantes. O 247 tem estimulado à reflexão sobre a mudança geopolítica de uma política externa que promovia a soberania e independência do Brasil, com a integração regional, fortalecimento dos BRICS, e fomento das relações Sul-Sul, por uma completa e vergonhosa subordinação do país aos EUA e ao governo Trump.

O 247 tem permitido recordar que o Brasil viveu a experiência de implementação de uma série de políticas sociais articuladas e complementares de transferência de renda, com a criação de 23 milhões de novos empregos e, ainda, o avanço da reforma agrária e a ampliação do acesso ao crédito pela população de baixa renda, que resultou na formação de um amplo mercado interno de consumo de massas. Nesse período histórico, os pobres foram, de fato, incluídos no orçamento e puderam participar do processo de crescimento econômico do país, dentro de uma perspectiva de um novo padrão de desenvolvimento compartilhado e solidário.

O 247 tem realizado debates que permitem reconstruir a narrativa de que o Brasil era a 13ª economia mundial, chegou a ser a 6ª economia e atingiu o grau de investimento pelo rating das agências de risco. Os frutos do desenvolvimento puderam ser compartilhados com uma ampla parte da população que, até então, era excluída do processo de crescimento econômico.

No 247, temos a liberdade para resgatar que, ao longo de 12 anos, o salário mínimo cresceu 77% em termos reais. Além disso, a renda dos 20% da população mais pobre cresceu 84%. O mais relevante da conquista do nosso projeto é que 36 milhões de brasileiros deixaram a pobreza extrema e outros 42 milhões ascenderam socialmente. Considerando o conceito de pobreza do Banco Mundial, nos nossos governos, a redução da pobreza extrema foi de 9,3% da população para apenas 1%.

No 247, pudemos destacar que o Brasil saiu do Mapa da Fome da ONU/FAO, com uma queda de 82% da população subalimentada, entre 2002 e 2014.

No 247, também podemos observar que, ao contrário do que dizia a oposição neoliberal da época, durante todo esse período dos governos do PT houve uma trajetória fiscal bastante sólida com superávits primários elevados, de 2003 a 2013, quando comparados com o histórico brasileiro e o resto do mundo, especialmente depois do poderoso impacto da grave crise internacional de 2008-2009.

Houve também trajetória declinante das dívidas públicas, tanto a líquida quanto a bruta, e o pagamento de juros foi reduzido e manteve-se relativamente controlado. E ainda além do pagamento da dívida externa pública, nos tornamos credores do FMI. Da mesma forma, a inflação foi mantida, durante o período mencionado, dentro das metas estabelecidas.

No 247, desmistificamos a narrativa conservadora que a crise iniciada em meados de 2014, não ocorreu devido a uma suposta "gastança", mas sim a outros fatores, como o colapso do superciclo das commodities, a queda célere na arrecadação e, muito especialmente, a fatores políticos bastante conhecidos, como a aposta irresponsável na ingovernabilidade e "no quanto pior melhor", nas "pautas bombas" com dramáticos impactos fiscais, por parte das forças golpistas que perderam as eleições em 2014.

Não posso deixar de mencionar que o 247 esteve ao lado do presidente Lula, tanto na denúncia da perseguição judicial e todo processo de lawfare, que resultou na sua prisão injusta, quanto nos 580 dias em que Lula foi privado de sua liberdade e do convívio com o povo brasileiro. Enquanto esteve preso em Curitiba, Lula acompanhou a programação da TV 247 pela televisão, por meio de pen-drives, que eram encaminhados para ele.

Além de telespectador, Lula passou e propor temas para debates no 247. Eu mesmo recebi diversas sugestões de Lula para o programa "Mercadante Debate", que conduzi todas as quartas-feiras, na TV 247 com completa liberdade editorial.

Termino este posfácio reiterando meu compromisso de vida de que a liberdade de expressão, a pluralidade do pensamento e o acesso a fontes de informações diversificadas e independentes são essenciais para a experiência democrática, daí a importância da mídia independente.

Esses princípios não podem ser ameaçados em razão de práticas condenáveis como a violação de dados e as fakes news, que devem ser combatidas por instrumentos jurídicos dentro da própria democracia e assegurando a mais ampla liberdade de expressão.

Por isso, é cada vez mais primordial que nossa sociedade avance na democratização e na regulação da mídia. Uma regulação que repudie de forma veemente qualquer tentativa de censura, que não aceite medidas para sufocar financeiramente os meios independentes, que garanta o princípio da neutralidade da rede, o caráter público e irrestrito do acesso à internet, a pluralidade de pensamentos e de opiniões, o amplo direito de defesa, o direito ao contraditório e a reparação de danos contra as calúnias e as difamações.

Vida longa à mídia independente! Vida longa ao amigo e companheiro Leonardo Attuch, ao Brasil 247 e à TV 247!

Aloizio Mercadante é economista e foi deputado federal, senador da República, ministro da Ciência e Tecnologia, ministro da Educação e ministro da Casa Civil.

Pólen Bold 90gr/m²;
Tipologia garamond 12/16.

Verão de 2019/2020.